W0289673

Cuisine sans gluten en 120 recettes

Véronique Liégeois

FIRST Editions

Légende des pictos

.. Nombre de personnes
.. Temps de préparation
.. Temps de cuisson
.. Temps de repos
.. Trempage/marinade
.. Temps de réfrigération
.. Temps de congélation

ISBN : 978-2-7540-5995-4
Dépôt légal : mars 2014
Imprimé en Italie

Direction éditoriale : Aurélie Starckmann
Édition : Élise Fromentaud
Mise en page : Graph'im 64
Couverture : Joséphine Cormier

Éditions First, un département d'Édi8
12, avenue d'Italie
75013 Paris – France
Tél. : 01 44 16 09 00
Fax : 01 44 16 09 01
E-mail : firstinfo@efirst.com

Site internet : www.editionsfirst.fr

Allumettes aux 2 fromages et graines de lin

4 · 20 min · 10 à 12 min

120 g d'amidon de maïs • 30 g de farine de sarrasin • 80 g de beurre • 1 pincée de noix de muscade • 40 g de comté • 40 g de mimolette vieille • 2 c. à s. de graines de lin • sel, poivre

❶ Préchauffez le four th. 6 (180 °C). Versez l'amidon de maïs et la farine de sarrasin dans un saladier. Ajoutez le beurre coupé en petits dés et mélangez du bout des doigts. Salez très légèrement, poivrez et aromatisez d'une pincée de noix de muscade. Ajoutez 2 cuillerées à soupe d'eau froide et formez une boule. ❷ Râpez le comté et la mimolette. Incorporez la mimolette à la pâte précédente. ❸ Étalez la pâte sur le plan de travail saupoudré d'amidon de maïs. Découpez des bandes de 8 cm × 2 cm de large. Disposez-les sur une plaque à pâtisserie antiadhésive. Saupoudrez de graines de lin et de comté râpé. ❹ Faites cuire au four pendant 10 à 12 minutes, et dégustez chaud, avec une salade verte.

Arancini, ou boulettes de riz panées à l'italienne

4 · 20 min · 25 min

120 g de riz à risotto • 1 oignon • 1 dose de safran • 2 c. à c. de concentré de tomates • 50 g de parmesan • 5 tiges de persil plat • 125 g de mozzarella • 4 biscottes sans gluten • 1 c. à s. d'huile d'olive • huile pour friture • sel, poivre

❶ Pelez et émincez l'oignon. Faites chauffer 1 cuillerée d'huile d'olive dans une cocotte à fond épais. Ajoutez le riz, l'oignon et le safran. Laissez dorer 3 minutes en remuant. Salez, poivrez, mouillez avec 20 cl d'eau chaude et ajoutez le concentré de tomates. Couvrez et laissez cuire 20 minutes à feu très doux. ❷ Rectifiez l'assaisonnement du riz, ajoutez le parmesan et le persil haché. Mélangez, versez dans un saladier et laissez refroidir complètement. ❸ Coupez la mozzarella en gros dés. Mixez ou écrasez les biscottes pour obtenir une chapelure assez fine. ❹ Lorsque le riz est froid, formez des boulettes de la taille d'un petit œuf. Placez au centre un dé de mozzarella, puis roulez-les dans la chapelure sans gluten. ❺ Faites chauffer la friteuse et ajoutez les boulettes de riz sans les serrer. Laissez dorer

5 minutes, puis disposez-les sur du papier absorbant. Dégustez bien chaud.

Biscuits apéro croustillants au gouda

4 25 min 8 à 10 min

80 g de gouda • 70 g de beurre • 160 g de farine de maïs • 40 g d'amidon de maïs • 1 sachet de levure chimique sans gluten • 3 c. à s. de lait • 2 c. à c. de graines de cumin • sel, poivre

❶ Préchauffez le four th. 6 (180 °C). Émincez finement le gouda. Faites ramollir le beurre 30 secondes au four à micro-ondes. ❷ Versez la farine, l'amidon de maïs et la levure dans un saladier. Salez et poivrez. Ajoutez le beurre, le lait et environ ½ verre d'eau pour obtenir une pâte épaisse mais pas trop sèche. Ajoutez éventuellement un peu d'eau, car la farine va l'absorber progressivement. Ajoutez ensuite 50 g de gouda et le cumin, puis travaillez rapidement la pâte. ❸ Faites de petites boulettes de la taille d'une noisette, aplatissez-les et rangez-les sur une plaque à pâtisserie. Saupoudrez les petits biscuits avec le reste du gouda râpé et faites cuire 8 à 10 minutes à four chaud. ❹ Sortez les biscuits du four quand ils sont légèrement colorés et dégustez tiède ou froid, à l'apéritif.

Blinis au saumon et à l'aneth

4 · 25 min · 4 min par blini · 30 min

Pour la pâte : 20 cl de lait • 200 g de farine de sarrasin • 1 c. à c. de sucre en poudre • ½ sachet de levure de boulanger • 1 œuf • 1 c. à s. d'huile de tournesol • sel
Pour la garniture : 25 cl de crème fraîche liquide bien froide • 4 tranches de saumon fumé • 1 brin d'aneth • 1 petit bocal d'œufs de saumon • sel, poivre

❶ Placez un saladier au congélateur. ❷ **Préparez la pâte** : faites tiédir le lait. Dans un autre saladier, versez la farine de sarrasin, ajoutez le sucre, le lait tiède (mais pas trop chaud), 1 pincée de sel et la levure. Mélangez et laissez reposer 30 minutes à température ambiante. Le mélange doit augmenter de volume.Séparez le jaune d'œuf du blanc. Incorporez le jaune à la pâte. Montez le blanc en neige très ferme. Incorporez-le délicatement à la pâte. ❸ **Préparez la garniture** : coupez le saumon en fines lamelles. Effeuillez l'aneth. Sortez la crème du réfrigérateur et le saladier du congélateur. Versez-y la crème froide.

Battez au fouet électrique pour obtenir une chantilly bien ferme. Ajoutez du sel, du poivre et l'aneth effeuillé. Mélangez délicatement et placez au frais. ❹ Faites cuire les blinis dans une petite poêle très chaude, légèrement huilée, pendant 2 minutes sur chaque côté. Servez les blinis bien chauds, nappés de crème fouettée à l'aneth, et garnis de lamelles de saumon et d'œufs de saumon.

Bouchées de bœuf à l'asiatique

4 30 min 5 min 15 min

15 g de champignons noirs déshydratés • 2 carottes • ¼ de chou chinois • ½ citron • 1 c. à s. d'huile de colza • 1 tige de menthe • 50 g de vermicelles de soja ou de riz • 16 tranches de carpaccio de bœuf • sauce soja sans gluten (tamari) • 2 tiges de coriandre • 16 petites crêpes de riz • 1 bouquet de ciboulette • 1 c. à c. d'huile de tournesol • sel, poivre

❶ Faites tremper les champignons dans un bol d'eau tiède pendant 15 minutes. Égouttez-les et émincez-les. Hachez très fin le chou et les carottes pelées. Mélangez le chou, les carottes et les champignons émincés. Ajoutez un trait de jus de citron et l'huile de colza. Salez légèrement, poivrez.

Assaisonnez de menthe ciselée. ❷ Dans une grande casserole d'eau bouillante, faites cuire les vermicelles de soja pendant 3 minutes. Égouttez-les et laissez-les refroidir. ❸ Faites chauffer l'huile de tournesol dans une poêle antiadhésive. Ajoutez les tranches de carpaccio de bœuf en les froissant comme des petits chignons. Faites sauter 2 minutes à feu vif. Assaisonnez de tamari, faites évaporer à feu vif, puis réservez. ❹ Effeuillez la coriandre. Trempez rapidement les crêpes de riz dans une assiette d'eau froide. Garnissez chaque crêpe d'1 pincée de vermicelles et de crudités. Ajoutez 1 tranche de carpaccio, 1 ou 2 feuilles de coriandre et roulez la crêpe. Maintenez les côtés avec 1 brin de ciboulette, pour faire un joli bonbon. Dégustez frais, avec du tamari.

Bouillon aux billes de polenta

4 | 25 min | 30 min

100 g de polenta • 2 c. à s. de parmesan • 1 pincée de muscade • 1 pincée de graines de fenouil • 1 brin de thym • 5 brins de persil • 5 brins de ciboulette • 1 carotte • 1 branche de céleri • 1 oignon • 1 poireau • sel, poivre

❶ Faites cuire la polenta dans 25 cl d'eau salée, pendant 5 minutes, en remuant avec un fouet. Poivrez et ajoutez le parmesan. Versez dans un saladier et laissez tiédir pendant la préparation du bouillon. ❷ Dans une cocotte, portez 1 litre d'eau à ébullition. Salez, poivrez, ajoutez une pincée de muscade et de graines de fenouil, et un brin de thym. Rincez le persil et la ciboulette sous l'eau fraîche, puis attachez-les à l'aide d'une ficelle. Plongez-les dans la cocotte. ❸ Pelez et lavez la carotte, puis émincez-la en mini-dés. Lavez la branche de céleri et coupez-la en fins tronçons. Pelez l'oignon, lavez soigneusement le poireau et émincez-les finement. Versez les légumes dans le bouillon en ébullition et laissez mijoter pendant 20 minutes. ❹ Formez des petites billes avec la polenta tiède à l'aide d'une cuillère à café ou dans le creux des mains. Disposez les billes dans 4 assiettes creuses. Ôtez le persil et la ciboulette de la cocotte, puis versez le bouillon très chaud dans les assiettes. Dégustez aussitôt.

Canapés de pomme de terre multicolores

6 · 35 min · 30 min

800 g de pommes de terre à chair ferme, de calibre régulier • 1 avocat mûr • 1 citron vert • 4 c. à s. de fromage blanc • 1 gousse d'ail • ½ bouquet de ciboulette • 1 betterave cuite • 5 brins de coriandre • 2 œufs • 1 c. à c. de moutarde forte • sel, poivre

❶ Lavez les pommes de terre, puis faites-les cuire 20 minutes à l'eau bouillante salée. Égouttez-les et laissez-les refroidir complètement. Lorsqu'elles sont froides, pelez-les et coupez-les en rondelles régulières pour en faire des canapés. ❷ Pelez l'avocat, coupez-le en dés. Mixez-le avec le jus du citron vert, 1 cuillerée de fromage blanc, l'ail pelé et la ciboulette ciselée. Salez et poivrez. Réservez dans un bol. ❸ Pelez la betterave, coupez-la en dés. Mixez-la avec 2 cuillerées de fromage blanc, de la coriandre ciselée, du sel et du poivre. Réservez dans un bol. ❹ Faites cuire les œufs pendant 10 minutes à l'eau bouillante. Rafraîchissez-les, puis écalez-les. Écrasez-les finement à la fourchette en y ajoutant 1 cuillerée de moutarde, 1 cuillerée de fromage blanc, du sel et du poivre. ❺ Tartinez les rondelles de pomme de terre avec chacune des 3 préparations précédentes et servez à l'apéritif ou en entrée.

Minestrone à l'italienne

6 · 35 min · 50 min · 10 min

1 carotte • 1 pomme de terre • 1 navet • 1 gousse d'ail • 1 oignon • 1 tige de céleri • 2 tomates • 1 petite poignée de haricots verts frais (ou surgelés) • 100 g de pancetta (ou de lardons) • 1 poignée de haricots en grains (frais ou surgelés) • 1 bouquet de basilic • 100 g de riz à grain rond • 60 g de parmesan • 2 c. à s. d'huile d'olive • sel, poivre

❶ Pelez la carotte, la pomme de terre et le navet. Lavez-les, puis coupez-les en très petits dés. Pelez et émincez finement l'ail et l'oignon. Coupez le céleri et les tomates en petits dés, et les haricots verts en petits tronçons d'1 cm. ❷ Coupez la pancetta en dés. Faites chauffer l'huile dans une cocotte, puis ajoutez l'oignon, l'ail et la pancetta. Laissez dorer 5 minutes à feu moyen, en remuant. Ajoutez tous les légumes coupés, sauf les tomates. Laissez dorer encore 5 minutes. ❸ Ajoutez les tomates, les haricots en grains et 75 cl d'eau. Salez, poivrez, couvrez et laissez mijoter pendant 25 minutes à feu doux. ❹ Effeuillez le basilic et ciselez-le. Versez le riz dans la soupe, et poursuivez la cuisson pendant 15 minutes. Ajoutez le basilic, couvrez et laissez reposer 10 minutes. Servez bien chaud, avec du parmesan.

Nems au porc et au crabe

4 · 25 min · 5 min · 10 min

10 g de champignons noirs • 1 citron • sauce nuoc-mâm • 1 c. à c. de sucre en poudre • 1 petit piment • 100 g de filet de porc • 100 g de chair de crabe (en conserve) • ½ carotte • 100 g de taro (ou de patate douce) • 5 tiges de cive • 1 jaune d'œuf • 8 petites galettes de riz • 10 cl d'huile de tournesol • sel et poivre

❶ Faites tremper les champignons dans un bol d'eau tiède pendant 10 minutes. ❷ Préparez la sauce en mélangeant le sucre, du jus de citron, un peu de sauce nuoc-mâm et le piment coupé en deux. Réservez. ❸ Égouttez les champignons et émincez-les. Hachez très finement la chair du crabe et le porc au robot. Pelez et râpez finement la carotte et le taro (ou la patate douce). Lavez et hachez les cives. Dans un saladier, mettez le porc et le crabe hachés, la carotte et le taro râpés, les champignons et les cives. Ajoutez le jaune d'œuf, mélangez. Salez et poivrez. ❹ À l'aide d'un pinceau, humectez très légèrement les galettes de riz. Disposez au centre 2 cuillerées du mélange au porc et au crabe. Repliez les galettes pour obtenir de petits nems. Serrez bien les galettes de riz et soudez-les avec un peu d'eau. ❺ Faites chauffer l'huile dans une casserole assez haute. Lorsqu'elle est chaude mais non fumante, ajoutez les nems et laissez dorer environ 5 minutes. Disposez-les sur du papier absorbant et servez bien chaud, avec la sauce.

Petits chaussons au porc

4 30 min 15 min 10 min

12 petites crêpes de riz • 200 g de filet de porc • 1 bouquet de coriandre • 2 c. à s. d'huile de tournesol • 10 g de champignons noirs • 1 petite courgette • sauce soja sans gluten (tamari) • 1 citron • poivre

❶ Réhydratez les champignons dans un bol d'eau tiède pendant 10 minutes. Hachez finement le porc au robot. Lavez la courgette et la coriandre. Épongez-les. Râpez la courgette et ciselez la coriandre. ❷ Égouttez les champignons et coupez-les en fines lamelles. ❸ Faites chauffer 1 cuillerée d'huile dans une large poêle antiadhésive. Ajoutez le porc haché, la courgette râpée, les champignons et la coriandre. Faites dorer à feu vif pendant 10 minutes, en remuant. Poivrez, arrosez d'un peu de jus de citron et de tamari. ❹ Humidifiez une crêpe de riz, en la trempant rapidement dans une assiette creuse remplie d'eau. Disposez au centre 1 cuillerée de farce au porc, et repliez la crêpe sur elle-même pour former un carré. Maintenez avec une pique en bois piquée en travers. Faites de même pour les autres crêpes de riz. ❺ Huilez légèrement une grande poêle, et faites dorer les chaussons 2 minutes sur chaque face. Dégustez chaud avec du tamari et du jus de citron.

Rouleaux de printemps

4 — 20 min — 5 à 10 min

50 g de vermicelles de riz • 8 grosses crevettes cuites • 100 g de blanc de poulet cuit • 1 carotte • 2 citrons • 4 belles feuilles de scarole • 3 tiges de menthe • 40 g de cacahuètes en coque • 4 grandes galettes de riz • sauce nuoc-mâm • 1 c. à s. de sucre en poudre

❶ Dans un saladier rempli d'eau chaude, faites tremper les vermicelles de riz pendant 5 à 10 minutes. Égouttez-les lorsqu'ils sont parfaitement réhydratés. ❷ Décortiquez les crevettes et coupez-les en deux dans le sens de la longueur. Émincez finement le poulet. Pelez la carotte, lavez-la, puis râpez-la. Arrosez d'un filet de jus de citron. Lavez délicatement les feuilles de salade, puis épongez-les. Effeuillez la menthe. ❸ Décortiquez les cacahuètes. Dans une poêle antiadhésive, faites-les dorer pendant 2 minutes, puis hachez-les. ❹ Humectez 1 galette de riz en la trempant dans une assiette remplie d'eau froide. Étalez-la sur le plan de travail. Disposez au centre une feuille de salade, puis ajoutez du poulet, une pincée de vermicelles de riz, des carottes râpées, 4 demi-crevettes et quelques feuilles de menthe. Saupoudrez d'1 pincée de cacahuètes hachées. Rabattez les côtés de la galette sur la garniture puis roulez en serrant. Filmez et réservez au réfrigérateur. ❺ Préparez la sauce : mélangez le sucre et la sauce nuoc-mâm dans un petit bol. ❻ Dégustez les rouleaux de printemps en les trempant dans la sauce.

Sablés croustillants à la cacahuète

4 · 25 min · 12 min

70 g de cacahuètes en coque • 50 g de farine de maïs • 100 g d'amidon de maïs • 60 g de beurre • 1 jaune d'œuf • piment d'Espelette (facultatif) • poivre

❶ Préchauffez le four th. 5 (150 °C). Décortiquez et hachez grossièrement les cacahuètes, au couteau. ❷ Dans un saladier, versez la farine et l'amidon de maïs. Ajoutez le beurre coupé en petits dés et 3 pincées de poivre. Mélangez du bout des doigts pour obtenir un mélange sableux. Ajoutez le jaune d'œuf et 1 cuillerée à soupe d'eau, puis travaillez rapidement le mélange pour l'amalgamer. ❸ Ajoutez la moitié des cacahuètes hachées et mélangez. Étalez la pâte sur le plan de travail saupoudré d'amidon de maïs. Découpez des petits sablés à l'emporte-pièce, ou au couteau (en bandes fines). ❹ Disposez les sablés sur une plaque à pâtisserie. Saupoudrez-les avec le reste de cacahuètes. Assaisonnez d'un peu de piment d'Espelette (facultatif). Faites cuire 12 minutes au four et dégustez tiède ou froid.

Salade de millet au concombre et à la menthe

4 · 20 min · 25 min

120 g de millet • 1 citron • 10 tomates cerises • 1 oignon blanc • 5 tiges de menthe fraîche • ½ concombre • 40 g de raisins secs • 25 g de pignons • 3 c. à s. d'huile d'olive • sel, poivre

❶ Faites cuire le millet pendant 20 minutes à l'eau bouillante salée. Égouttez-le et rincez-le sous l'eau fraîche pour le refroidir. Versez-le dans un saladier. Pressez le citron et versez le jus sur le millet. Ajoutez l'huile d'olive et mélangez. ❷ Pelez le concombre, puis coupez-le en très petits dés. Coupez les tomates en deux. Pelez et hachez l'oignon. Effeuillez la menthe et ciselez-la. ❸ Ajoutez le concombre coupé en dés, les tomates, la menthe, l'oignon et les raisins dans le saladier. Salez, poivrez et mélangez. Placez au frais jusqu'au moment du repas. ❹ Au moment de servir, faites dorer les pignons dans une poêle antiadhésive pendant 3 minutes à feu très doux. Disposez-les sur la salade et dégustez en entrée, ou pour accompagner des grillades au barbecue.

Salade vitaminée au quinoa

4 20 min 15 min

150 g de quinoa • 10 radis rouges • 1 oignon violet • 1 grenade • 1 petit morceau de branche de céleri • 100 g de fromage basque au lait de brebis • 5 brins de persil plat • 1 c. à s. d'huile d'olive • 1 c. à s. d'huile de noisette • 2 c. à s. de vinaigre balsamique blanc • sel, poivre

❶ Rincez le quinoa sous l'eau fraîche, puis faites-le cuire pendant 15 minutes à l'eau bouillante salée. Égouttez-le et laissez refroidir dans un saladier. ❷ Lavez les radis, coupez-les en rondelles. Pelez et hachez l'oignon. Ouvrez la grenade en deux et prélevez délicatement ses graines rouges. Coupez 10 cm de céleri en brunoise. Émincez le fromage en lamelles, après avoir ôté sa croûte. Rincez le persil, puis hachez-le finement. ❸ Mélangez les huiles, le vinaigre et le persil haché. Salez et poivrez. Au moment de servir, mélangez tous les ingrédients, nappez de sauce et dégustez bien frais.

Samoussas dorés aux légumes

4 · 35 min · 15 à 20 min

12 petites galettes de riz asiatiques • 100 g de champignons de Paris • 30 g de cerneaux de noix • 1 petite échalote • 5 brins de persil plat • 2 tiges de basilic • 200 g de julienne de légumes surgelée (carotte, courgette, céleri…) • 30 g de raisins secs • 1 pincée de feuilles de thym • 2 c. à s. de graines de sésame dorées • 3 c. à s. d'huile d'olive • sel, poivre

❶ Lavez les champignons, puis coupez-les en petits dés. Hachez les cerneaux de noix. Pelez et hachez finement l'échalote. Hachez les feuilles de persil et de basilic. ❷ Dans une large poêle antiadhésive, faites chauffer 1 cuillerée à soupe d'huile d'olive. Ajoutez l'échalote et les champignons et laissez dorer 5 minutes à feu moyen, en remuant. Versez la julienne de légumes, le thym, le persil et le basilic. Salez et poivrez. Laissez cuire à découvert pendant 5 à 10 minutes, en remuant de temps en temps. ❸ Ajoutez les raisins et les noix dans la poêle, mélangez et laissez tiédir. ❹ Humidifiez 1 galette de riz en la trempant rapidement dans une assiette creuse remplie d'eau. Disposez 1 cuillerée de farce aux légumes dessus et repliez-la en forme de triangle. Faites de même avec toutes les galettes de riz. Maintenez-les, si besoin, avec une pique en bois. ❺ Faites chauffer un peu d'huile d'olive dans une large poêle, et faites dorer les samoussas 2 minutes sur chaque face. Saupoudrez-les de sésame et dégustez bien chaud.

Soupe de maïs doux, petites galettes de maïs

4 15 min 20 min

300 g de maïs en boîte • 2 tomates • ½ poivron rouge • 1 oignon • 1 gousse d'ail • 2 c. à s. d'amidon de maïs • 5 brins de persil plat • 1 pincée de feuilles de thym • 1 pincée de paprika • 4 fines galettes de maïs soufflé sans gluten • 2 c. à s. d'huile d'olive • sel, poivre

❶ Égouttez le maïs. Lavez le poivron et les tomates, puis coupez-les en dés. Pelez l'oignon et émincez-le finement. Pelez la gousse d'ail. ❷ Faites chauffer l'huile dans une petite cocotte. Ajoutez l'oignon, le poivron et l'ail émincés. Laissez dorer 5 minutes à feu doux, en remuant. Saupoudrez d'amidon de maïs, puis ajoutez les tomates et le maïs. Salez, poivrez. Mélangez. ❸ Versez 2 verres d'eau dans la cocotte. Ajoutez le persil ciselé, le thym et le paprika. Couvrez et laissez mijoter 15 minutes. ❹ Prélevez une partie des légumes avec une écumoire et réservez. Mixez finement le reste du potage. Ajoutez les légumes réservés et mélangez. Rectifiez l'assaisonnement et dégustez bien chaud, avec des galettes de maïs soufflé grossièrement émiettées.

Soupe de patate douce et courge musquée au gingembre

4 · 20 min · 30 min

1 patate douce • 1 tranche de courge musquée • 4 petits morceaux de gingembre confit • 5 brins de coriandre • curcuma en poudre • 20 cl de lait de coco • sel, poivre

❶ Pelez la patate douce, lavez-la, puis coupez-la en dés. Ôtez la peau de la courge, éliminez les graines, et rincez la chair sous l'eau. Hachez le gingembre, effeuillez la coriandre. ❷ Portez à ébullition 75 cl d'eau. Salez et poivrez, ajoutez une pincée de curcuma. Versez les dés de patate douce et de courge. Ajoutez la moitié du gingembre et des feuilles de coriandre. Couvrez et laissez mijoter 25 minutes à feu doux. ❸ Ajoutez le lait de coco, mixez et rectifiez l'assaisonnement. ❹ Versez dans des bols individuels, saupoudrez du reste de gingembre et de feuilles de coriandre et dégustez bien chaud.

Soupe de pois chiches épicée

4 15 min 35 min

1 grosse boîte de pois chiches • 1 oignon • 1 gousse d'ail • 1 carotte • 3 tomates • 1 petite tranche de gigot • 1 pincée de cumin • 1 pincée de paprika • 3 tiges de coriandre • 1 c. à s. d'huile d'olive • sel, poivre

❶ Égouttez les pois chiches. Pelez et émincez l'oignon et l'ail. Pelez la carotte, puis coupez-la en dés. Coupez les tomates en très petits dés. ❷ Hachez grossièrement la tranche de gigot au couteau. Faites chauffer l'huile dans une cocotte. Ajoutez l'oignon, l'ail et la carotte émincés. Faites dorer 5 minutes en remuant. Ajoutez le gigot haché, faites dorer encore 5 minutes en remuant. ❸ Assaisonnez de sel, de poivre, de cumin et de paprika. Versez les tomates et les pois chiches, ajoutez 75 cl d'eau. Couvrez et laissez mijoter à feu doux pendant 25 minutes. Prélevez deux petites louches de légumes et mixez le reste du potage avec un mixeur plongeur. Ajoutez les légumes non mixés, saupoudrez de coriandre fraîche et servez bien chaud.

Soupe dorée au lait de tapioca

4 · 10 min · 15 min

1,2 l de lait demi-écrémé • 1 échalote • 1 pincée de curcuma • 1 pincée de muscade • 2 c. à s. de tapioca • 2 brins de cerfeuil • 30 g de cancoillotte • 1 c. à s. d'huile d'olive • sel, poivre

❶ Pelez l'échalote, puis émincez-la finement. Faites chauffer l'huile dans une casserole, ajoutez l'échalote et laissez fondre à feu très doux, sans colorer, pendant 5 minutes. ❷ Ajoutez le lait, la muscade, le curcuma, du sel et du poivre. Faites chauffer à feu vif, et versez en pluie le tapioca, dès que le lait bout. Baissez le feu, et laissez cuire 10 minutes en surveillant. ❸ Hachez le cerfeuil. Au moment de servir, ajoutez la cancoillotte. Versez le potage dans des bols, et décorez de cerfeuil haché. Dégustez bien chaud.

Soupe vietnamienne aux vermicelles de riz

4 | 30 min | 30 min | 5 min

1 carotte • 1 courgette • 1 oignon • 2 petits choux type « Shanghai » (ou 150 g de chou chinois) • 150 g de viande de bœuf (type steak) • 1 morceau de gingembre • 1 c. à s. de graines de coriandre • 1 clou de girofle • 2 étoiles de badiane • 1 morceau d'écorce de cannelle • 50 g de vermicelles de riz • 1 bouquet de cives • 1 bouquet de coriandre fraîche • 1 petit piment • ½ citron vert • sauce soja sans gluten (tamari) • poivre

❶ Pelez la carotte, la courgette et l'oignon. Coupez-les en fine brunoise. Émincez les choux. Émincez le bœuf en très fines lamelles. Râpez le gingembre pour en obtenir environ 1 cuillerée à café. ❷ Portez à ébullition 1,2 litre d'eau. Ajoutez les graines de coriandre, le clou de girofle, la badiane, la cannelle et du poivre. Portez à ébullition, puis versez les légumes et le gingembre dans la casserole. Laissez mijoter pendant 20 minutes à feu doux. Ajoutez le bœuf et poursuivez la cuisson pendant 10 minutes. Réhydratez les vermicelles de riz dans un saladier rempli d'eau tiède, pendant environ 5 minutes. Égouttez-les et répartissez-les dans quatre grands bols. ❸ Hachez les cives, effeuillez la coriandre, coupez le piment en petits morceaux. Versez le potage bouillant dans les bols. Assaisonnez selon vos goûts de cives, coriandre, piment, tamari et jus de citron vert.

Terrine aux deux saumons

4 30 min 40 min 12 h

400 g de saumon frais • 120 g de saumon fumé • 2 œufs • 60 g de roquette • 3 tiges de basilic • 4 c. à s. de crème fraîche épaisse • piment d'Espelette • sel, poivre

❶ Préchauffez le four th. 6 (180 °C). Disposez-y une plaque à pâtisserie remplie d'eau pour faire un bain-marie. ❷ Rincez et épongez les filets de saumon frais, recoupez-les dans l'épaisseur pour obtenir des tranches de 1,5 cm au maximum. Réservez. Effeuillez le basilic, rincez et essorez la roquette. ❸ Préparez la crème au saumon fumé : mixez finement le saumon fumé, les œufs, la roquette, le basilic et la crème. Salez, poivrez, ajoutez une pincée de piment d'Espelette. Mélangez. ❹ Garnissez un moule à cake de papier sulfurisé. Versez le tiers de la crème au saumon fumé. Couvrez avec la moitié du saumon frais, ajoutez une couche de crème au saumon fumé, le reste du saumon frais et terminez avec la crème au saumon fumé. ❺ Faites cuire 40 minutes au four, puis laissez tiédir. Placez au frais et démoulez le lendemain. Dégustez froid, avec des crudités.

Torsades au pavot

4 30 min 6 à 8 min

100 g de farine de maïs • 30 g de parmesan • 3 c. à s. d'huile d'olive • 5 c. à c. de lait • 30 g de quinoa • 2 c. à s. de graines de pavot • sel, poivre

❶ Préchauffez le four th. 6 (180 °C). ❷ Versez la farine, le parmesan, l'huile et le lait dans un saladier. Mélangez avec les doigts. Ajoutez le quinoa, salez, poivrez et formez une boule. ❸ Étalez la pâte sur le plan de travail comme pour faire des sablés assez fins. Saupoudrez de graines de pavot, et faites-les adhérer en pressant légèrement avec les doigts. Coupez la pâte en lanières d'1 cm de large. ❹ Formez des torsades, en tordant chaque lanière sur elle-même. Disposez les torsades sur la plaque à pâtisserie. Faites cuire 6 à 8 minutes au four. Dégustez tiède ou froid, en entrée ou à l'apéritif.

Tuiles de parmesan au pavot et au sésame

4 15 min 5 min

100 g de parmesan entier • 2 c. à s. d'amidon de maïs • 2 tranches de coppa • 2 morceaux de tomate séchée • 1 c. à s. de sésame doré • 1 c. à s. de graines de pavot • poivre

❶ Râpez le parmesan avec une râpe à main. Vous pouvez également utiliser du parmesan râpé en sachet, à condition de prendre un produit de bonne qualité, non déshydraté. Versez le parmesan dans un bol, ajoutez l'amidon de maïs et poivrez assez fort. N'ajoutez pas de sel. ❷ Hachez très finement la coppa et les tomates séchées, séparément. Préchauffez le four th. 6 (180 °C), position gril. ❸ Réalisez une vingtaine de petits tas avec le mélange au parmesan sur une plaque à pâtisserie antiadhésive. Pressez chaque tas légèrement avec le dos d'une cuillère pour former des tuiles. ❹ Disposez sur les tuiles une pincée de sésame ou de pavot, un peu de coppa ou de tomate. Vous pouvez réaliser des tuiles avec un seul ingrédient ou plusieurs (sésame, coppa…). Faites cuire 5 minutes au four en surveillant. Sortez la plaque dès que le pourtour des tuiles est coloré. Détachez-les délicatement de la plaque avec une spatule. Laissez-les refroidir à plat, posées sur une assiette. Elles deviennent croustillantes en refroidissant. Dégustez à l'apéritif.

Bo bun au bœuf

4 · 25 min · 7 min · 10 min

100 g de vermicelles de riz asiatiques • 1 carotte • 1 citron • 1 petit concombre • 1 brin de menthe • 3 brins de coriandre • 25 g de cacahuètes en coque • 1 c. à s. de sucre en poudre • sauce soja sans gluten (tamari) • 8 feuilles de scarole • 8 petits nems maison (voir recette p. 12) • 16 tranches de carpaccio de bœuf • sauce nuoc-mâm • poivre noir

❶ Faites réhydrater les vermicelles de riz dans un saladier rempli d'eau chaude, pendant 10 minutes. Égouttez-les lorsqu'ils sont souples. ❷ Pelez et lavez la carotte. Coupez-la en très fines tranches. Disposez ces tranches dans un bol. Arrosez-les de citron et d'un peu d'eau. Lavez le concombre, puis coupez-le en tranches biseautées. Disposez ces tranches dans un autre bol. ❸ Rincez la menthe et la coriandre, puis séchez-les dans du papier absorbant. Effeuillez-les et hachez la menthe. Mettez les herbes dans 2 petites coupelles. Décortiquez et hachez grossièrement les cacahuètes. Disposez-les dans une coupelle. ❹ Préparez la sauce : mélangez dans un petit bol le sucre, 2 cuillerées de nuoc-mâm, un filet de jus de citron et du poivre noir. ❺ Lavez les feuilles de salade, essorez-les et coupez-les en lanières. Répartissez la salade dans quatre grands bols de service. Ajoutez sur la salade des vermicelles de riz bien égouttés, puis ajoutez quelques rondelles de carotte et de concombre, un peu de menthe et de coriandre. ❻ Au moment de servir, faites réchauffer les nems 5 minutes à la poêle (ou au four). Faites griller pendant 2 minutes, à feu vif dans une poêle antiadhésive, les tranches de carpaccio de bœuf. Arrosez-les de tamari. ❼ Répartissez les nems et les tranches de bœuf dans les quatre bols de service. Saupoudrez de cacahuètes hachées. Disposez les bols de carotte, concombre, menthe, coriandre et sauce à part sur la table et dégustez.

Bouchées de pois chiches au fromage basque

4 — 30 min — 10 à 12 min

1 verre de flocons de pois chiches (18 cl environ) • 1 verre de lait • 1 pincée de muscade • 1 pincée de curcuma • 1 brin de thym • 150 g de fromage basque au lait de brebis • 1 œuf • 50 g de parmesan • 2 c. à s. d'huile de pépins de raisin • sel, poivre

❶ Portez à ébullition 1 verre de lait et 2 verres d'eau avec une pincée de sel, du poivre, une pincée de muscade, une pincée de curcuma et une pincée de feuilles de thym. Ajoutez les flocons de pois chiches, et laissez cuire 5 minutes à petite ébullition, en remuant. Versez le mélange dans un saladier et laissez refroidir complètement. Vous pouvez réaliser cette étape de la recette la veille pour gagner du temps. ❷ Découpez le fromage basque en petits cubes d'1,5 cm de côté, en prenant soin d'ôter parfaitement la croûte. ❸ Quand le mélange aux pois chiches est bien froid, ajoutez-y l'œuf entier et le parmesan. Mélangez et formez des bouchées de la taille d'une noix. Insérez au centre de chaque boulette un cube de fromage. ❹ Faites chauffer 2 cuillerées à soupe d'huile de pépins de raisin dans une sauteuse à bords hauts. Ajoutez les bouchées sans trop les serrer et laissez dorer 5 à 6 minutes, en les retournant sur toutes leurs faces. Disposez-les dans un plat garni de papier absorbant. Servez bien chaud avec une salade relevée ou une ratatouille épicée.

Bouchées de riz au sésame et au saumon

4 20 min 10 min 1 h

120 g de riz gluant japonais (pour sushis) • 120 g de saumon cru très frais • 1 petit avocat • ½ citron • 1 tige de coriandre • 2 c. à s. à soupe de vinaigre de riz • 2 c. à s. de sésame blond • sauce soja sans gluten (tamari) • poivre

❶ Rincez le riz, puis faites-le cuire dans son volume d'eau dans un cuiseur à riz (ou à la vapeur). ❷ Pendant la cuisson du riz, découpez le saumon en petits bâtonnets, et coupez l'avocat en lamelles. Arrosez-le de jus de citron. Assaisonnez de feuilles de coriandre, poivrez. ❸ Arrosez le riz de vinaigre de riz et mélangez délicatement, laissez tiédir. Étalez-le sur une feuille de film alimentaire, sur 1 cm d'épaisseur. Placez au centre les bâtonnets de saumon et les morceaux d'avocat. Roulez le riz sur lui-même, pour former un cylindre, en le serrant bien dans le film alimentaire. ❹ Laissez refroidir au moins 1 heure au frais. Au moment du repas, coupez le cylindre en tranches de 2 cm, puis roulez-les dans le sésame. Dégustez froid avec du tamari.

Chips de banane plantain et sauce ketchup maison

4 · 25 min · 35 min

2 bananes plantain pas trop mûres • 3 tomates • 1 petit oignon • 1 pincée de paprika • 1 petite pincée de clou de girofle • 1 c. à s. de sucre roux • 1 c. à s. de vinaigre • 25 cl d'huile de tournesol • 1 c. à s. d'huile d'olive • sel, poivre

❶ Préparez la sauce : lavez les tomates, puis coupez-les en petits dés. Pelez et hachez l'oignon. Faites chauffer 1 cuillerée d'huile d'olive dans une petite casserole. Ajoutez l'oignon émincé et les dés de tomate. Faites chauffer à feu vif, en remuant, pendant 5 minutes. Baissez le feu, ajoutez 1 cuillerée de vinaigre, 1 cuillerée de sucre, une pincée de paprika et une pointe de clou de girofle. Salez, poivrez. Couvrez et laissez mijoter pendant 15 minutes.

La sauce doit être assez épaisse. Si elle est trop liquide, faites-la réduire quelques instants sur feu vif. Versez dans un bol. ❷ Pelez les bananes plantain, puis émincez-les en tranches fines. ❸ Faites chauffer trois cuillerées d'huile de tournesol dans une sauteuse à bords assez hauts. Ajoutez une grosse poignée de rondelles de bananes, et laissez cuire 5 minutes à feu moyen, en surveillant la cuisson. Les bananes doivent dorer sans brunir. Égouttez-les à l'aide d'une écumoire, et disposez-les dans un plat garni de papier absorbant. Poursuivez la cuisson avec le reste de bananes, en ajoutant de l'huile dans la sauteuse. ❹ Servez chaud, avec la sauce. Ces chips accompagnent des brochettes de poulet ou de poisson, par exemple.

Clafoutis aux courgettes

4 · 30 min · 35 min

2 petites courgettes • 50 g de fromage de chèvre frais • 5 brins de ciboulette • 4 c. à s. bombées d'amidon de maïs • 1 sachet de levure chimique sans gluten • 2 faisselles à 40 % de MG • 4 c. à s. de lait • 2 c. à s. d'huile d'olive • 3 œufs • sel, poivre

❶ Préchauffez le four th. 6 (180 °C). Lavez les courgettes, râpez-les et disposez-les dans une passoire fine. Laissez égoutter quelques minutes. Coupez le fromage de chèvre en morceaux, hachez la ciboulette. ❷ Mélangez dans un saladier l'amidon de maïs et la levure. Salez et poivrez. ❸ Versez les faisselles égouttées, le lait, l'huile d'olive et les œufs entiers. Quand le mélange est bien lisse, ajoutez les courgettes râpées, le fromage frais et la ciboulette. Mélangez délicatement. ❹ Versez la pâte dans un plat à gratin et faites cuire 35 minutes à four chaud. Dégustez tiède, avec une salade de roquette aux pignons.

Crêpes de farine de châtaigne au brocciu

4 · 25 min · 35 min

120 g de farine de châtaigne • ½ sachet de levure chimique sans gluten • 100 g d'amidon de maïs • 3 œufs • 30 g de beurre • 40 cl de lait • 300 g de brocciu (fromage frais corse) • 2 c. à s. d'huile d'olive • 1 sachet de roquette • 8 très fines tranches de jambon cru italien • sel, poivre

❶ **Préparez la pâte** : versez la farine de châtaigne, la levure, et l'amidon de maïs dans un saladier. Ajoutez les œufs entiers et le beurre fondu 10 secondes au four à micro-ondes. Travaillez la pâte avec un fouet à main, en ajoutant progressivement le lait. Mélangez parfaitement pour obtenir une pâte bien lisse. Salez et poivrez. Laissez en attente. ❷ **Préparez la garniture** : mélangez dans un saladier le brocciu, l'huile d'olive, du sel et du poivre. Ne travaillez pas trop le mélange pour conserver une texture granuleuse. Lavez et essorez la roquette. Dégraissez si besoin en partie le jambon. ❸ Huilez légèrement une poêle à crêpes à l'aide d'un pinceau. Faites-la chauffer et ajoutez-y une petite louche de pâte. Faites cuire la crêpe 2 à 3 minutes sur chaque face, puis gardez-la au chaud.

Réalisez de la même façon plusieurs crêpes un peu épaisses jusqu'à l'épuisement de la pâte. ❹ Garnissez les crêpes avec de la brousse, une tranche de jambon et une belle pincée de roquette. Roulez les crêpes et dégustez aussitôt. Accompagnez d'une salade de tomates cerises et roquette.

Crêpes de lentilles blondes au comté

4 · 15 min · 8 min par crêpe · 3 h

200 g de lentilles blondes • 2 œufs • 13 cl de lait • 40 g d'amidon de maïs • 1 pincée de curry • 1 pincée de curcuma • 2 c. à c. de sésame • ½ gousse d'ail • 100 g de comté • 2 c. à s. d'huile de pépins de raisin • sel, poivre

❶ Faites tremper les lentilles dans un saladier rempli d'eau tiède pendant 3 heures. Frottez-les dans vos mains et éliminez les petites pellicules qui surnagent. Égouttez. Mixez les lentilles avec un peu d'eau pour obtenir une pâte fluide, et pas trop lisse. ❷ Versez les lentilles broyées dans un saladier. Ajoutez les œufs, le lait, l'amidon de maïs, le curry, le curcuma, du sel et du poivre. Mélangez au fouet, puis ajoutez le sésame et une demi-gousse d'ail pressée. Râpez le comté. ❸ Faites chauffer une poêle à crêpes légèrement huilée, et réalisez 8 crêpes un peu épaisses, en les faisant cuire 4 minutes sur chaque face à feu doux. ❹ Garnissez de comté râpé, pliez les crêpes en deux et dégustez avec une salade verte.

Crêpes de maïs à la raclette

4 · 20 min · 40 min · 2 h

150 g de farine de maïs • 50 g de farine de riz • 1 sachet de levure chimique sans gluten • 40 cl de lait • 2 œufs • 150 g de fromage à raclette • 100 g de jambon cru • 2 c. à s. d'huile de pépins de raisin • 1 sachet de mâche • sel, poivre

❶ Versez les farines de maïs et de riz dans un saladier. Ajoutez la levure, une pincée de sel et du poivre. Versez le lait et ajoutez les œufs entiers. Travaillez à l'aide d'un fouet, et laissez reposer 2 heures. Si la pâte vous semble trop épaisse, ajoutez un peu de lait. ❷ Coupez le fromage à raclette en fines lamelles, et le jambon en petits dés. ❸ Huilez légèrement une poêle à crêpes. Faites-la chauffer et versez une louche de pâte lorsqu'elle est bien chaude. Faites cuire la crêpe 2 à 3 minutes sur chaque face. Renouvelez l'opération jusqu'à l'épuisement de la pâte, en prenant soin de la mélanger régulièrement, car le maïs a tendance à se déposer au fond du saladier. Gardez les crêpes au chaud. ❹ Au moment de servir, garnissez chaque crêpe chaude de fromage à raclette et de jambon. Ajoutez quelques bouquets de mâche, repliez les crêpes et servez.

Crêpes de quinoa aux champignons

4 (8 crêpes) 25 min 40 min

120 g de farine de quinoa • 50 g d'amidon de maïs • 2 œufs • 10 g de beurre • 30 cl de lait • 5 brins de persil • 350 g de champignons • 1 gousse d'ail • 100 g de jambon • 100 g de crème fraîche • huile de pépins de raisin • 1 c. à s. d'huile d'olive • sel, poivre

❶ **Préparez la pâte** : versez la farine de quinoa et l'amidon de maïs dans un saladier. Mélangez et faites un puits au centre. Ajoutez les œufs entiers, le beurre fondu (10 secondes au four à micro-ondes) et le lait. Mélangez à l'aide d'un fouet. Salez et poivrez, puis laissez en attente. ❷ **Préparez la garniture** : rincez le persil et hachez-le. Frottez les champignons, éliminez leur pied sableux et émincez-les en fines tranches. Pelez et émincez la gousse d'ail. Coupez le jambon en fines lamelles. ❸ Faites chauffer 1 cuillerée d'huile d'olive dans une sauteuse. Ajoutez les champignons et laissez dorer 5 minutes à feu assez vif, en remuant. Baissez le feu, salez, poivrez. Ajoutez l'ail et le persil, puis laissez mijoter 5 minutes. Versez la crème, ajoutez les dés de jambon. Remuez et laissez en attente. ❹ Faites chauffer une poêle à crêpes légèrement huilée. Remuez la pâte à crêpes au fouet. Versez-en une petite louche dans la poêle et faites cuire la crêpe 2 minutes de chaque côté. Gardez au chaud entre deux assiettes et faites cuire les autres crêpes, en huilant légèrement la poêle à chaque fois. ❺ Garnissez les crêpes du mélange aux champignons et servez bien chaud, avec une salade verte.

Croquettes aux flocons de pois chiches

4 20 min 20 min

120 g de flocons de pois chiches • 25 cl de lait • 1 petit oignon blanc • 2 brins de persil plat • 2 œufs • 1 c. à s. d'amidon de maïs • 1 pincée de curry • 3 c. à s. d'huile de pépins de raisin • sel, poivre

❶ Versez les flocons de pois chiches et le lait dans un saladier. Faites cuire 3 minutes au four à micro-ondes. Mélangez et laissez tiédir légèrement. Les flocons doivent absorber tout le lait. Si ce n'est pas le cas, ajoutez 1 ou 2 cuillerées supplémentaires de flocons. ❷ Pelez et hachez très finement l'oignon, ciselez le persil. Ajoutez les œufs, l'amidon, l'oignon et le persil hachés dans les flocons réhydratés et remuez. Salez, poivrez, saupoudrez d'une pointe de curry. ❸ Faites chauffer 1 cuillerée d'huile dans une poêle antiadhésive. Formez de petits tas avec la préparation aux pois chiches dans l'huile bien chaude, à l'aide d'une cuillère. Laissez dorer 3 minutes, puis retournez-les délicatement. Poursuivez la cuisson pendant 3 minutes. ❹ Disposez les croquettes sur du papier absorbant et gardez-les au chaud. Renouvelez l'opération jusqu'à l'épuisement de la préparation, en ajoutant un peu d'huile à chaque fois. Dégustez bien chaud, avec une salade verte bien relevée.

Croquettes de lentilles

4 30 min 25 min

150 g de lentilles vertes • 1 brin de thym • 1 feuille de laurier • 1 oignon nouveau • 5 brins de persil • 1 œuf • 3 c. à s. d'amidon de maïs • 1 pincée de curry • 2 c. à s. de sésame doré • 2 c. à s. d'huile de tournesol • sel, poivre

❶ Faites cuire les lentilles pendant 20 minutes, dans une casserole d'eau additionnée de poivre, thym et laurier. Ne salez pas pour que les lentilles restent tendres. Lorsqu'elles sont cuites, égouttez-les parfaitement. Ôtez le thym et le laurier, puis versez les lentilles dans un saladier. Écrasez-les grossièrement à la fourchette ou au presse-purée. Lavez l'oignon nouveau et le persil, puis hachez-les finement. ❷ Ajoutez aux lentilles écrasées l'œuf, l'amidon de maïs, l'oignon et le persil hachés, une pincée de curry et le sésame. Salez, poivrez et mélangez. ❸ Formez des petites croquettes allongées de 5 à 6 cm. Faites chauffer 2 cuillerées d'huile de tournesol dans une poêle antiadhésive et ajoutez-y les croquettes de lentilles. Laissez dorer 5 minutes, en les retournant délicatement à mi-cuisson. Disposez les croquettes sur un plat garni de papier absorbant. Dégustez bien chaud, avec des crudités ou des légumes mijotés (ratatouille, champignons...).

Croquettes de millet au poisson

4 — 30 min — 30 min

120 g de millet • 200 g de poisson à chair blanche (lieu, colin…) • 4 morceaux de tomates séchées • 2 tiges de basilic • 1 œuf • 1 pincée de paprika • 1 pincée de curcuma • 2 c. à s. de sésame doré • 2 c. à s. d'huile de tournesol • sel, poivre

❶ Faites cuire le millet pendant 20 minutes à l'eau bouillante salée, puis égouttez-le bien. Versez-le dans un saladier. ❷ Salez et poivrez les filets de poisson et placez-les entre deux assiettes. Faites-les cuire 4 minutes au four à micro-ondes. Épongez-les dans du papier absorbant et émiettez-les dans le millet. ❸ Coupez les tomates séchées en tout petits morceaux. Effeuillez le basilic et ciselez-le. Battez l'œuf. Ajoutez les tomates séchées, le basilic, l'œuf battu, le paprika, le curcuma et le sésame au mélange millet-poisson. Salez et poivrez, puis amalgamez parfaitement tous les éléments. ❹ Formez des boulettes rondes, de la taille d'une grosse noix. Faites chauffer 2 cuillerées à soupe d'huile de tournesol dans une large sauteuse. Ajoutez les boulettes et faites-les dorer pendant 6 minutes à feu moyen, en les retournant délicatement avec une spatule, pour qu'elles dorent sur toutes leurs faces. Disposez-les ensuite sur un plat garni de papier absorbant. Servez bien chaud, avec une salade ou des tomates à la provençale.

Croquettes de pommes de terre panées aux amandes

4 | 30 min | 25 min

800 g de pommes de terre à chair farineuse • 40 g de beurre • 2 c. à s. de parmesan • 2 jaunes d'œufs • 2 c. à s. d'amidon de maïs • 1 pincée de noix de muscade • 40 g de poudre d'amandes • 3 c. à s. d'huile de tournesol • sel, poivre

❶ Lavez les pommes de terre, puis faites-les cuire pendant 20 minutes à l'eau bouillante salée. Lorsqu'elles sont tendres, égouttez-les, pelez-les et écrasez-les au presse-purée. Mettez la purée dans un saladier et ajoutez-y le beurre. Mélangez pour obtenir une purée lisse. Ajoutez ensuite le parmesan, les jaunes d'œufs et l'amidon de maïs. Mélangez rapidement sans trop travailler le mélange. Salez, poivrez et assaisonnez de noix de muscade. ❷ Formez des croquettes de la taille d'une petite quenelle. Roulez-les dans la poudre d'amandes, en la faisant bien adhérer. ❸ Faites chauffer 3 cuillerées à soupe d'huile de tournesol dans une large poêle antiadhésive. Ajoutez les croquettes de pommes de terre et laissez-les dorer pendant 5 minutes, en les retournant délicatement. Disposez-les sur un plat garni de papier absorbant et dégustez bien chaud. Ces croquettes peuvent être servies en plat principal, avec une salade verte, ou accompagner une viande grillée.

Croquettes de quinoa aux légumes et au thon

4 · 35 min · 30 min

150 g de quinoa • 200 g de fleurettes de brocoli • 1 carotte • 100 g de thon au naturel • 30 g d'amidon de maïs • 2 œufs • 10 tiges de ciboulette hachées • 3 c. à s. d'huile de pépins de raisin • sel, poivre

❶ Versez le quinoa dans une passoire et rincez-le sous l'eau froide. Faites-le cuire à feu moyen dans une casserole contenant de l'eau salée, pendant environ 10 minutes. Égouttez-le parfaitement et laissez refroidir dans un saladier. ❷ Faites cuire les fleurettes de brocoli pendant 15 minutes à l'eau bouillante ou à la vapeur. Elles doivent être très tendres et non croquantes. Égouttez-les, écrasez-les à la fourchette et ajoutez-les au quinoa. ❸ Pelez et lavez la carotte. Râpez-la très finement et ajoutez-la au quinoa et au brocoli. Égouttez le thon et émiettez-le dans le saladier. Ajoutez l'amidon de maïs, les œufs, la ciboulette hachée, du sel et du poivre. Mélangez tous les ingrédients. ❹ Formez des croquettes plates avec les mains, en pressant bien pour qu'elles soient assez compactes. Faites chauffer un peu d'huile dans une large poêle antiadhésive. Ajoutez quelques croquettes, sans qu'elles se touchent, et faites-les cuire 3 minutes à feu vif sur chaque face. Disposez-les sur un plat garni de papier absorbant et dégustez bien chaud, avec une salade.

Croquettes de sarrasin aux champignons

4 | 30 min | 20 min | 10 min

200 g de flocons de sarrasin • 15 cl de lait • 150 g de champignons • 10 brins de ciboulette • 50 g de jambon cuit • 1 œuf • 2 c. à s. d'huile d'olive • sel, poivre

❶ Versez les flocons de sarrasin dans un saladier. Faites tiédir le lait 30 secondes au four à micro-ondes et versez-le sur les flocons. Laissez reposer 10 minutes, le temps qu'ils absorbent tout le liquide. ❷ Frottez les champignons, éliminez leur pied sableux, puis hachez-les. Ciselez la ciboulette, et hachez le jambon. Faites chauffer 1 cuillerée à soupe d'huile d'olive dans une sauteuse. Ajoutez les champignons et le jambon. Laissez dorer 5 minutes à feu vif, en remuant. ❸ Remuez les flocons de sarrasin. Ajoutez les champignons et le jambon, 1 œuf entier, la ciboulette, du sel et du poivre et mélangez. Formez 8 croquettes plates, de 6 cm de diamètre environ. ❹ Faites chauffer 1 cuillerée à soupe d'huile dans une large poêle. Ajoutez les croquettes et faites-les dorer 3 minutes sur chaque face. Servez bien chaud, avec une salade en plat principal, ou en accompagnement d'une viande blanche.

Crumble au jambon et aux champignons

4 — 30 min — 40 min

200 g de jambon blanc • 300 g de champignons • 1 échalote • 5 brins de persil plat • 2 c. à s. de crème épaisse • 130 g de farine de maïs • 2 c. à s. de graines de sésame • 1 pincée de gruyère râpé • 75 g de margarine • 1 c. à s. d'huile d'olive • sel, poivre

❶ Coupez le jambon en petits dés. Frottez les champignons, éliminez la partie sableuse du pied, puis émincez-les. Pelez et hachez l'échalote, ainsi que le persil. ❷ Faites chauffer l'huile dans une sauteuse, ajoutez les champignons et l'échalote émincés ainsi que le jambon. Salez, poivrez, laisser cuire 10 minutes, en remuant à feu doux. Ajoutez la crème et le persil haché. Préchauffez le four th. 6 (180 °C). ❸ **Préparez la pâte à crumble :** dans un saladier, mettez la farine, le sésame, le gruyère et la margarine coupée en morceaux, et mélangez-la avec les doigts pour obtenir un mélange sableux. Salez et poivrez. ❹ Versez le mélange jambon-champignons dans un plat à gratin. Couvrez de pâte à crumble, en tassant légèrement du plat de la main. Faites cuire pendant 30 minutes. Dégustez chaud, avec une salade de chou blanc.

Crumble de poulet à l'orientale

4 35 min 55 min

1 aubergine • 2 tomates • 1 oignon • 1 gousse d'ail • 300 g de blanc de poulet • 20 g de raisins secs • 20 g de pignons • 1 brin de thym • 1 pincée de paprika • 50 g de farine de soja • 40 g de farine de maïs • 2 c. à s. de parmesan • 100 g de margarine ou de beurre • 30 g de sarrasin grillé (kasha) • 2 c. à s. d'huile d'olive • sel, poivre

❶ Coupez l'aubergine et les tomates en petits dés. Hachez l'oignon et l'ail. Coupez le poulet en tout petits dés. ❷ Faites chauffer l'huile dans une sauteuse. Ajoutez le poulet, l'oignon et l'ail, puis laissez revenir 5 minutes à feu vif en remuant. Ajoutez les raisins, la moitié des pignons, les dés d'aubergine et les tomates. Mélangez. Salez, poivrez, assaisonnez de thym et de paprika. Laissez mijoter 20 minutes à feu doux, sans couvrir. Préchauffez le four th. 6 (180 °C). ❸ **Préparez la pâte à crumble :** travaillez les farines, le parmesan et la margarine pour obtenir un mélange sableux. Ajoutez les graines de sarrasin et les pignons restants. Salez et poivrez. ❹ Versez le mélange mijoté au poulet dans un plat allant au four. Couvrez de pâte à crumble et tassez légèrement avec le plat de la main. Faites cuire 30 minutes au four. Dégustez chaud ou tiède. Accompagnez d'une salade verte.

Fajitas au bœuf

4 35 min 1 h 05 min

Pour la pâte : 150 g de farine de maïs • 50 g d'amidon de maïs • 1 c. à s. d'huile d'olive • 1 œuf • 15 cl de lait • sel, poivre • 2 c. à s. d'huile de pépins de raisin (pour la cuisson)
Pour la garniture : 1 oignon • 1 gousse d'ail • 1 tomate • 1 poivron • 100 g de haricots rouges en boîte • 200 g de bœuf haché • 1 pincée de piment (facultatif) • 1 pincée de mélange d'épices mexicaines sans gluten • 1 c. à s. d'huile d'olive • 40 g d'emmental râpé • sel, poivre

❶ **Préparez la pâte à fajitas** : mélangez la farine et l'amidon de maïs, l'huile d'olive, l'œuf et le lait. Salez et poivrez. Si la pâte vous semble trop épaisse, ajoutez un peu d'eau. ❷ Faites chauffer une poêle à crêpes badigeonnée d'huile de pépins de raisin. Ajoutez une grosse louche de pâte pour obtenir une galette un peu épaisse, et faites cuire 3 minutes sur chaque face. Renouvelez l'opération pour obtenir 8 galettes. Réservez-les au chaud. ❸ **Préparez la garniture** : pelez et émincez finement l'oignon et l'ail. Lavez puis détaillez en petits dés la tomate et le poivron. Égouttez les haricots. Faites chauffer 1 cuillerée à soupe d'huile d'olive dans une sauteuse. Ajoutez le bœuf haché, l'oignon, l'ail et le poivron émincés. Faites sauter à feu vif pendant 5 minutes en remuant. Salez, poivrez, ajoutez le piment (facultatif) et les épices mexicaines, puis les dés de tomate. Couvrez et laissez mijoter 5 minutes. Ajoutez les haricots. Laissez chauffer encore 5 minutes. ❹ Au moment du repas, garnissez les galettes de maïs avec le mélange au bœuf et un peu de fromage râpé. Roulez les fajitas sur elles-mêmes et dégustez bien chaud.

Falafels à la coriandre et au sésame

4 · 25 min · 5 à 8 min

400 g de pois chiches • 1 bouquet de cives (ou 2 oignons nouveaux) • 1 petit bouquet de coriandre fraîche • 1 gousse d'ail • ½ citron • 2 c. à s. de parmesan râpé • 3 c. à s. de sésame doré • 1 pincée de cumin en boîte • 1 pincée de paprika • 3 c. à s. d'amidon de maïs • 3 c. à s. d'huile de pépins de raisin • sel, poivre

❶ Rincez et égouttez les pois chiches. Rincez les cives. Effeuillez la coriandre. Pelez l'ail, ôtez le germe. ❷ Dans le bol du mixeur, versez les pois chiches, les cives, la coriandre, l'ail, un filet de jus de citron, le parmesan, le sésame. Mixez pour broyer les ingrédients sans chercher à obtenir une pâte trop lisse. ❸ Versez dans un saladier, assaisonnez de sel, poivre, cumin et paprika. Ajoutez l'amidon de maïs progressivement, jusqu'à ce que la pâte soit assez compacte. Formez des boulettes de la taille d'une grosse noix. ❹ Faites chauffer l'huile dans une sauteuse, ajoutez les falafels et laissez-les dorer pendant 5 à 8 minutes à feu moyen, en les retournant délicatement. Disposez-les dans un plat garni de papier absorbant, et dégustez chaud, avec des crudités.

Flan aux tomates et à la mozzarella

4 · 30 min · 35 min · 10 min

80 g de farine de riz • ½ sachet de levure chimique sans gluten • 3 œufs • 40 cl de lait • 40 g de tome de brebis • 1 boule de mozzarella de bufflesse (250 g) • 250 g de tomates cerises • quelques feuilles de basilic • sel, poivre

❶ Préchauffez le four th. 5/6 (150/180 °C). Mélangez la farine de riz, la levure, les œufs et le lait. Salez et poivrez. Râpez la tome de brebis, et incorporez-la à la pâte, ainsi que quelques feuilles de basilic ciselées. Mélangez. ❷ Coupez la mozzarella en petits dés. Rincez et essuyez les tomates, disposez-les au fond d'un plat à gratin, avec les dés de mozzarella. Versez doucement la pâte dans le plat. ❸ Enfournez pour 35 minutes, afin que le flan soit bien doré. Laissez tiédir 10 minutes à température ambiante et servez avec une salade verte.

Flan d'igname gratiné

4 — 30 min — 35 min

1 igname (800 g) • 1 oignon • 5 brins de persil plat • 100 g de jambon blanc • 3 œufs • 1 c. à s. d'amidon de maïs • 20 cl de crème fraîche • 1 pincée de muscade • 100 g de gruyère râpé • sel, poivre

❶ Préchauffez un cuit-vapeur. Pelez l'igname, lavez-le et coupez sa chair en dés de taille régulière (2 cm environ). Pelez l'oignon et coupez-le en rondelles fines. Faites cuire les dés d'igname et les rondelles d'oignon pendant 15 minutes à la vapeur, puis égouttez-les parfaitement. ❷ Préchauffez le four th. 6 (180 °C). Rincez et essorez le persil, puis hachez-le. Coupez le jambon en petits dés. ❸ Battez les œufs dans un saladier, avec l'amidon de maïs et la crème. Ajoutez une pincée de muscade, du sel, du poivre, la moitié du fromage râpé et le persil haché. ❹ Disposez l'igname et l'oignon cuits dans un plat à gratin. Ajoutez les dés de jambon et nappez avec le mélange crème-œufs. Saupoudrez avec le fromage râpé restant. Faites cuire 20 minutes au four, pour que le gratin soit parfaitement doré. Dégustez chaud avec une salade verte bien relevée.

Fougasse aux pommes de terre et romarin

4 | 40 min | 45 min | 30 min + 12 h

Pour la pâte : • 120 g de farine de sarrasin • 80 g de farine de maïs • 40 g d'amidon de maïs • 1 sachet de levure de boulanger • 3 c. à s. d'huile d'olive • sel, poivre
Pour la garniture : • 450 g de pommes de terre à chair fondante (type Charlotte) • 2 morceaux de tomates séchées • 5 fines tranches de pancetta (ou bacon) • 1 brin de thym • 1 brin de romarin • 2 c. à s. d'huile d'olive • sel, poivre

❶ **Préparez la pâte la veille** : versez la farine de sarrasin, la farine de maïs, l'amidon de maïs et la levure dans un saladier. Salez, poivrez, ajoutez 2 cuillerées à soupe d'eau tiède et 3 cuillerées à soupe d'huile d'olive. Travaillez énergiquement la pâte pendant 5 minutes, pour qu'elle soit lisse et homogène. Elle doit être assez compacte. Selon sa consistance, ajoutez un peu de farine de sarrasin ou, au contraire, un peu d'eau. Formez une boule et placez-la dans un saladier. Laissez reposer 30 minutes à température ambiante. Couvrez ensuite de film alimentaire et réservez 12 heures dans le bas du réfrigérateur. ❷ **Le lendemain,** sortez la pâte du réfrigérateur, et étalez-la sur la plaque à pâtisserie huilée. Laissez à température ambiante pendant la préparation de la garniture. Préchauffez le four th. 6 (180 °C). ❸ Pelez et lavez les pommes de terre. Coupez-les en fines tranches, à l'aide d'un robot ou d'une mandoline. Hachez grossièrement les tomates séchées au couteau. Coupez la pancetta en fines lamelles. ❹ Placez les rondelles de pommes de terre sur la pâte en les faisant se chevaucher légèrement. Répartissez les tomates confites et les lamelles de pancetta par-dessus. Saupoudrez de feuilles de romarin et de thym. Arrosez d'huile d'olive, poivrez et salez très légèrement. Faites cuire 30 minutes à four chaud (th. 6), puis 15 minutes th. 5 (150 °C).

Fromage de chèvre pané aux noisettes

4 · 15 min · 4 à 6 min

4 petits fromages de chèvre type Chavignol • 20 g de flocons de maïs pour petit déjeuner sans gluten • 50 g de poudre de noisettes • 1 poignée de mâche • 10 radis rouges • 1 petite betterave cuite • 2 c. à s. d'huile de noix • 2 c. à s. de vinaigre de cidre • sel, poivre

❶ Rincez et essorez la mâche. Lavez les radis, coupez les feuilles, puis émincez-les en fines tranches. Pelez la betterave et coupez-la en petits dés. Répartissez la mâche, les rondelles de radis et les dés de betterave sur quatre assiettes de service. Gardez au frais. ❷ Mélangez l'huile de noix et le vinaigre de cidre. Salez, poivrez et réservez. ❸ Coupez les fromages de chèvre en deux, dans le sens de l'épaisseur. Écrasez les flocons de maïs avec les doigts, et mettez-les dans une assiette plate. Ajoutez la poudre de noisettes, du poivre, et mélangez. Roulez les demi-fromages de chèvre dans ce mélange, en pressant légèrement pour que la panure sans gluten adhère bien au fromage. ❹ Faites chauffer une poêle antiadhésive légèrement huilée. Lorsqu'elle est bien chaude, ajoutez les demi-fromages panés. Laissez dorer 2 à 3 minutes sur chaque face, puis disposez sur les assiettes garnies de légumes. Arrosez d'un peu de vinaigrette et servez rapidement.

Galettes de maïs doux au jambon

4 · 30 min · 25 min

400 g de pommes de terre à chair farineuse • 20 g de beurre • 1 pincée de noix de muscade râpée • 2 œufs • 80 g d'amidon de maïs • 5 brins de persil • 200 g de maïs doux en boîte • 80 g de jambon blanc • 2 c. à s. d'huile de tournesol • sel, poivre

❶ Lavez les pommes de terre, puis faites-les cuire 20 minutes à l'eau bouillante salée. Égouttez-les, pelez-les et réduisez-les en purée avec un presse-purée. Ajoutez le beurre, du sel, du poivre et une pincée de noix de muscade râpée. Laissez légèrement tiédir, puis ajoutez les œufs et l'amidon de maïs. Travaillez le mélange pour qu'il soit bien lisse et compact. Si la purée est molle, ajoutez un peu d'amidon de maïs. ❷ Ciselez le persil lavé et bien égoutté. Égouttez parfaitement le maïs, et séchez-le dans du papier absorbant. Hachez grossièrement le jambon. Incorporez le persil haché, le jambon et le maïs dans la purée. Formez des croquettes arrondies, de 4 à 5 cm environ. ❸ Faites chauffer 2 cuillerées à soupe d'huile de tournesol dans une large poêle. Ajoutez les croquettes de maïs, sans trop les serrer et laissez dorer 5 minutes à feu doux, en les retournant à mi-cuisson. Disposez les croquettes sur un plat garni de papier absorbant. Dégustez bien chaud, avec une salade verte.

Galettes de polenta dorées

4 · 25 min · 10 min

1 sachet de polenta (250 g) • 2 morceaux de tomates séchées • 80 g de jambon blanc • 1 brin de basilic • 60 g de parmesan râpé • 2 c. à s. d'huile de pépins de raisin • sel, poivre

❶ Portez à ébullition 1 litre d'eau salée et poivrée dans une grande casserole. Ajoutez la polenta en pluie, et laissez cuire 5 minutes en remuant. Retirez du feu et laissez légèrement tiédir. ❷ Émincez les tomates séchées et le jambon. Hachez le basilic. Ajoutez le parmesan, les tomates, le basilic et le jambon dans la polenta. Mélangez délicatement. Huilez une plaque à pâtisserie avec de l'huile de pépins de raisin et versez le mélange dessus. Lissez à la spatule pour obtenir une épaisseur d'1 cm environ.

Laissez refroidir complètement. ❸ Découpez la polenta à l'emporte-pièce, puis faites dorer les galettes dans une poêle antiadhésive, avec très peu d'huile de pépins de raisin, 3 minutes sur chaque face. Placez les galettes sur du papier absorbant, au fur et à mesure. Dégustez bien chaud, avec une salade verte au vinaigre balsamique.

Gaufres au fromage et à la bresaola

4 (8 à 12 gaufres) 20 min 1 h

150 g d'amidon de maïs • 100 g de farine de sarrasin • 1 sachet de levure chimique sans gluten • 3 œufs • 30 g de beurre • 20 cl de lait • 1 pincée de paprika • 4 tomates confites • 70 g de comté • 50 g de bresaola • 1 c. à s. d'huile de pépins de raisin • sel, poivre

❶ Versez dans un saladier l'amidon de maïs, la farine de sarrasin et la levure. Mélangez, ajoutez les œufs entiers, le beurre fondu (20 secondes au four à micro-ondes) et le lait. Salez, poivrez, ajoutez une pincée de paprika et travaillez le mélange pour qu'il devienne parfaitement lisse. ❷ Hachez les tomates confites, coupez la bresaola en petits morceaux et râpez le comté. Ajoutez-les à la pâte à gaufres et mélangez. ❸ Huilez légèrement un appareil à gaufres et faites-le préchauffer. Lorsqu'il est à bonne température, ajoutez une petite louche de pâte et faites cuire 6 minutes environ. Gardez les gaufres au chaud et dégustez avec une salade ou découpez-les et servez-les à l'apéritif.

Gnocchettis au beurre de sauge

4 · 40 min · 30 min

1 kg de pommes de terre type Bintje • 150 g d'amidon de maïs • 1 jaune d'œuf • 1 c. à s. de curcuma • 40 g de beurre demi-sel • 5 feuilles de sauge • ½ citron • parmesan râpé • sel, poivre

❶ Lavez les pommes de terre, coupez-les en deux et faites-les cuire 25 minutes à la vapeur. Pelez-les, et passez-les au presse-purée. Salez, poivrez, ajoutez l'amidon de maïs, le curcuma et le jaune d'œuf. Travaillez le mélange pour obtenir une pâte compacte. ❷ Formez des petits gnocchis de la taille d'un gros pois chiche. Faites fondre le beurre dans un plat creux de service. Ajoutez les feuilles de sauge entières et un filet de jus de citron. Couvrez et gardez au chaud. ❸ Portez à ébullition une grande casserole remplie d'eau salée. Jetez les gnocchis dans l'eau bouillante, et faites cuire 3 à 5 minutes à feu doux. Ils sont cuits dès qu'ils remontent à la surface. Récupérez-les avec une écumoire et versez-les dans le plat. Mélangez délicatement pour les enrober de beurre de sauge, puis saupoudrez de parmesan et servez.

Gnocchis de semoule de riz à la romaine

4 · 35 min · 35 min · 1 h

1 l de lait • 150 g de semoule de riz ou de maïs • 1 gousse d'ail • 1 boîte de tomates pelées (400 g) • 3 tiges de basilic • 1 boule de mozzarella (250 g) • noix de muscade râpée • 1 c. à s. d'huile de pépins de raisin • 2 c. à s. d'huile d'olive • sel, poivre

❶ Portez à ébullition le lait salé, poivré et assaisonné d'une pincée de noix de muscade râpée. Lorsqu'il bout, ajoutez la semoule de riz en pluie et laissez cuire 10 minutes à feu doux, en remuant. ❷ Huilez une plaque à pâtisserie avec l'huile de pépins de raisin. Versez la semoule sur la plaque, sur une épaisseur d'1 cm environ. Laissez refroidir pendant au moins 1 heure. ❸ Pelez la gousse d'ail, effeuillez et ciselez le basilic. Faites chauffer l'huile d'olive dans une casserole. Ajoutez la gousse d'ail et laissez-la dorer pendant 3 minutes à feu doux. Versez les tomates pelées, salez et poivrez. Faites réduire la sauce 10 minutes à feu doux, sans couvrir. Ajoutez le basilic et retirez du feu. ❹ Préchauffez le four th. 6 (180 °C). Coupez la mozzarella en dés. Découpez la semoule de riz en petits disques, à l'aide d'un verre retourné. Rangez les disques dans un plat allant au four.

Nappez de sauce tomate et recouvrez de mozzarella. Passez 15 minutes au four, pour que le fromage soit doré. Dégustez chaud.

Gnocchis ricotta et épinards

4 · 40 min · 20 min

300 g d'épinards hachés surgelés • 5 brins de ciboulette • 300 g de ricotta • 1 jaune d'œuf • 150 g de crème de riz • 50 g de parmesan • 3 c. à s. de crème fraîche • sel, poivre

❶ Faites réchauffer les épinards dans une casserole, à feu très doux, sans ajouter d'eau, pendant 10 minutes. Remuez sans arrêt pour qu'ils se dessèchent sans attacher. ❷ Hachez la ciboulette. Égouttez parfaitement la ricotta. Versez-la dans un saladier. Ajoutez les épinards, la ciboulette, le jaune d'œuf, du sel et du poivre. Ajoutez ensuite la crème de riz, en ajustant la quantité pour obtenir une pâte suffisamment compacte. ❸ Formez des gnocchis de la taille d'une noisette. Versez un fond d'eau de 2 à 3 cm dans une large sauteuse. Salez et portez à ébullition. Ajoutez les gnocchis et faites-les cuire à feu doux pendant 6 minutes, en les retournant délicatement à mi-cuisson. ❹ Égouttez-les à l'aide d'une écumoire, versez-les dans un plat. Nappez de crème fraîche, saupoudrez de parmesan et réchauffez, si besoin, 2 minutes au four à micro-ondes.

Grande salade de millet au saumon

4 · 25 min · 20 min

150 g de millet • 1 botte de radis rouges • 50 g de mâche • 150 g de tomates cerises • 2 kiwis • 1 gousse d'ail • ½ oignon violet • 4 tranches de saumon fumé • 30 g de pignons • 2 c. à s. d'huile de noix • 1 c. à s. d'huile d'olive • 2 c. à s. de vinaigre balsamique • sel, poivre

❶ Faites cuire le millet pendant 15 minutes à l'eau bouillante salée, en le gardant un peu ferme. Égouttez-le et laissez tiédir. ❷ Lavez les radis, ôtez les feuilles, puis coupez-les en quatre dans le sens de la hauteur. Rincez et essorez la mâche. Coupez les tomates en deux. Pelez les kiwis, puis coupez-les en dés. Pelez et hachez l'ail et l'oignon violet. Découpez les tranches de saumon en lamelles fines et régulières. ❸ Faites dorer les pignons 2 minutes, à feu doux, dans une poêle antiadhésive. Mélangez l'huile de noix, l'huile d'olive, le vinaigre, l'ail et l'oignon hachés. Salez, et poivrez. Détachez les grains du millet à la fourchette en l'aérant bien. ❹ Disposez dans un grand plat creux la mâche, le millet, les radis, les tomates cerises. Ajoutez par-dessus les lamelles de saumon et les dés de kiwi. Arrosez de sauce, décorez de pignons et servez.

Grandes galettes aux flocons d'azukis

4 — 15 min — 45 min

100 g de flocons de haricots azukis • 100 g de flocons de pois chiches • 2 c. à s. de parmesan • 2 c. à s. de sésame doré • 1 pincée de curcuma • 4 œufs • 50 g de comté râpé • 2 c. à s. d'huile pépins de raisin • sel, poivre

❶ Versez les flocons d'azukis et de pois chiches dans une casserole. Ajoutez 45 cl d'eau froide, du sel et du poivre. Portez à ébullition et couvrez. Laissez cuire 10 minutes à feu très doux, en remuant de temps en temps avec une cuillère en bois. ❷ Versez les flocons dans un saladier. Ajoutez le parmesan, le sésame et le curcuma. Laissez légèrement tiédir, puis ajoutez les œufs battus. Rectifiez l'assaisonnement en sel et poivre. ❸ Faites chauffer une poêle à crêpes antiadhésive légèrement huilée au pinceau. Ajoutez une louche du mélange précédent, de façon à obtenir une galette assez épaisse. Laissez cuire à feu doux 3 à 4 minutes, puis retournez délicatement la galette dans la poêle. Saupoudrez de comté râpé, et laissez cuire 3 à 4 minutes sur l'autre face. Pliez la galette en deux et gardez au chaud sur une assiette. ❹ Procédez de la même façon avec le reste de pâte. Dégustez les galettes bien chaudes, avec une salade verte.

Gratin de patates douces aux deux fromages

4 · 25 min · 25 min · 5 min

4 patates douces (1 kg) • 50 g de mimolette • 40 g de comté • 40 cl de lait entier • 20 g d'amidon de maïs • 20 g de beurre • noix de muscade râpée • sel, poivre

❶ Préchauffez un cuit-vapeur. Pelez et lavez les patates douces. Coupez-les en dés de 2 cm de côté environ. Faites cuire les dés de patate pendant environ 15 minutes à la vapeur. Vérifiez la cuisson : ils doivent être moelleux, mais ne pas s'écraser. ❷ Disposez les dés de patate dans un plat à gratin. Préchauffez le gril du four. Coupez la mimolette et le comté en très fines tranches. ❸ Mélangez l'amidon de maïs et le lait dans une casserole. Salez, poivrez, ajoutez le beurre et une pincée de noix de muscade râpée. Portez à ébullition en remuant sans arrêt avec un fouet. Laissez bouillir 1 minute, puis ôtez du feu. Ajoutez la mimolette tranchée et remuez. ❹ Nappez les patates de sauce à la mimolette. Couvrez la surface du gratin de lamelles de comté et passez au four pour gratiner (environ 10 min). Laissez reposer 5 minutes à la sortie du four et dégustez chaud, avec une salade ou en accompagnement d'une viande blanche.

Gratin de pommes de terre et épinards au chèvre frais

4 20 min 45 min

700 g de pommes de terre type Charlotte • 500 g d'épinards hachés surgelés • 40 cl de lait demi-écrémé • 25 g d'amidon de maïs • 20 g de beurre • 50 g de fromage de chèvre frais • noix de muscade râpée • sel, poivre

❶ Faites cuire les pommes de terre pendant 20 minutes à l'eau bouillante salée. Pelez-les et coupez-les en rondelles assez fines. Rangez-les dans un plat à gratin. ❷ Faites réchauffer les épinards dans une casserole, à feu doux, avec deux cuillerées à soupe d'eau. Laissez cuire 10 minutes et retirez du feu. Disposez les épinards sur les rondelles de pommes de terre. ❸ Mélangez dans une casserole le lait froid et l'amidon de maïs. Salez, poivrez, ajoutez une pincée de noix de muscade râpée et le beurre. Faites chauffer à feu vif en remuant avec un fouet. Laissez bouillir 1 minute et ôtez du feu. ❹ Nappez les épinards de sauce. Préchauffez le gril du four. Coupez le fromage de chèvre en petits dés. Répartissez-les sur la surface du plat. Passez 10 minutes sous le gril du four pour colorer. Dégustez chaud.

Igname et légumes mijotés aux épices

4 · 30 min · 25 min

½ igname (600 g) • 1 carotte • 2 tomates • 1 aubergine • 1 oignon • 1 gousse d'ail • 10 tiges de cive • 1 c. à c. de curry • 1 pincée de muscade • 1 pincée de cannelle • 1 pincée de cumin • 1 brin de thym • 1 feuille de laurier • 1 petit piment (facultatif) • 1 citron vert • 35 g de cacahuètes en coque • 2 c. à s. d'huile d'olive • sel, poivre

❶ Pelez et lavez l'igname, puis coupez-le en petits dés. Pelez la carotte, lavez-la et coupez-la en fines rondelles. Lavez les tomates et l'aubergine, et coupez-les en petits dés. Épluchez et émincez l'oignon et l'ail. Lavez les cives sous l'eau fraîche et émincez-les. ❷ Faites chauffer 2 cuillerées à soupe d'huile d'olive dans une cocotte. Ajoutez l'ail, l'oignon et les cives émincés. Faites dorer 5 minutes à feu doux, en remuant. Ajoutez les rondelles de carotte, les dés d'aubergine, de tomate et d'igname. Salez, poivrez, assaisonnez de curry, muscade, cannelle et cumin. Ajoutez le thym, le laurier et le piment (facultatif). ❸ Mélangez délicatement, arrosez d'un trait de jus de citron vert. Couvrez et laissez mijoter pendant 20 minutes à feu doux. ❹ Décortiquez et hachez les cacahuètes au couteau. Rectifiez l'assaisonnement des légumes. Faites réduire le jus sur feu vif s'il est trop abondant. Versez dans un plat de service, ôtez le thym et le laurier. Décorez avec les cacahuètes hachées et servez. Accompagnez de travers de porc grillés ou d'un poisson au four.

Kasha au poulet et à la crème

4 20 min 30 min

150 g de sarrasin grillé (kasha) • 300 g de blanc de poulet • 1 courgette • 1 oignon • 5 brins de persil plat • 10 tiges de ciboulette • 1 pincée de curcuma • 20 cl de crème fraîche épaisse • 1 c. à s. d'huile d'olive • sel, poivre

❶ Faites cuire le kasha pendant 10 minutes à l'eau bouillante salée, puis égouttez-le. Réservez au chaud dans une casserole. ❷ Coupez le poulet en petits dés. Lavez la courgette et coupez-la également en petits dés. Pelez et émincez l'oignon. Lavez le persil et la ciboulette, épongez-les dans du papier absorbant et émincez-les. ❸ Dans une grande sauteuse, faites chauffer 1 cuillerée à soupe d'huile d'olive et ajoutez l'oignon émincé et le poulet. Laissez dorer pendant 5 minutes en remuant, à feu vif. Ajoutez les petits dés de courgette, les herbes émincées, le curcuma, du sel et du poivre. Mélangez, baissez le feu et couvrez. Laissez mijoter pendant 10 minutes à feu doux, puis versez la crème fraîche. Mélangez et poursuivez la cuisson pendant 5 minutes, sans couvercle. ❹ Versez le kasha dans un plat de service. Versez pardessus le poulet aux courgettes et servez bien chaud.

Kasha en salade tiède au chèvre et magrets de canard

4 25 min 10 min

150 g de sarrasin grillé (kasha) • ¼ de chou chinois • 100 g de tomates cerises • 100 g de tome de chèvre • 100 g de magrets de canard fumés • ½ gousse d'ail • 5 brins de cerfeuil • 30 g de raisins secs • 1 c. à s. de moutarde de Meaux • 2 c. à s. de vinaigre de cidre • 2 c. à s. d'huile de noix • sel, poivre

❶ Faites cuire le kasha 10 minutes à l'eau bouillante salée, puis égouttez-le. Réservez au chaud. ❷ Lavez le chou, puis émincez-le finement. Rincez les tomates et coupez-les en deux. Coupez la tome de chèvre en petits dés. Retirez le gras des magrets si vous ne l'appréciez pas. ❸ Préparez la sauce. Pelez et hachez finement une demi-gousse d'ail. Rincez le cerfeuil, épongez-le dans du papier absorbant et hachez-le. Mélangez dans un bol l'huile de noix, le vinaigre de cidre, la moutarde, l'ail et le cerfeuil hachés, du sel, et du poivre. Mélangez. ❹ Au moment de servir, mélangez dans un plat creux le kasha, le chou, les raisins et les tomates cerises. Ajoutez les dés de fromage et les tranches de magret. Versez la sauce et servez aussitôt.

Lentilles corail à l'orientale

4 30 min 20 min

200 g de lentilles corail • 1 oignon • 1 gousse d'ail • 5 brins de coriandre • 1 c. à c. de curcuma • 1 pincée de graines de cumin • 1 pincée de graines de fenouil • 1 brin de thym • 2 c. à s. d'huile d'olive • sel, poivre

❶ Pelez l'ail et l'oignon, hachez-les finement. Effeuillez la coriandre. ❷ Faites chauffer 1 cuillerée à soupe d'huile dans une petite cocotte. Ajoutez les lentilles, le curcuma, le cumin, le fenouil, le thym effeuillé, l'ail et l'oignon. Laissez dorer 5 minutes à feu doux en remuant. Poivrez, mouillez avec un grand verre d'eau et couvrez. ❸ Laissez mijoter 15 minutes à feu doux. Salez en fin de cuisson, et versez les lentilles dans le plat de service. Arrosez d'un filet d'huile d'olive et saupoudrez de coriandre effeuillée. Accompagnez de riz basmati pour un repas végétarien équilibré, ou servez avec un rôti de porc.

Lentilles vertes au tofu fumé

4 · 20 min · 35 min

200 g de lentilles vertes • 1 carotte • 1 oignon • 1 gousse d'ail • 1 petit morceau de céleri branche • 200 g de tofu fumé • 5 brins de persil plat • 1 pincée de graines de cumin • 1 clou de girofle • 1 capsule de cardamome • 1 pincée de piment • 1 c. à s. d'huile d'olive • sel, poivre

❶ Pelez la carotte et coupez-la en dés. Coupez la branche de céleri en petits tronçons. Hachez l'oignon et l'ail. ❷ Rincez et égouttez les lentilles. Versez 1 litre d'eau dans une cocotte. Ajoutez les lentilles, l'oignon, la carotte, le céleri, l'ail, toutes les épices et poivrez. Ne salez pas pour éviter de faire durcir les lentilles. Couvrez et laissez mijoter 30 minutes à feu doux. ❸ Découpez le tofu en lamelles et ciselez le persil. Au moment de servir, faites dorer le tofu dans une poêle légèrement huilée à feu vif, pendant 5 minutes. ❹ Rectifiez l'assaisonnement des lentilles, saupoudrez de persil et dégustez avec le tofu croustillant.

Makis sushis aux crevettes

4 · 35 min · 25 min · 5 min + 2 h

250 g de riz spécial pour sushis • 1 paquet de feuilles de nori • 200 g de crevettes cuites décortiquées • 2 c. à s. de sauce soja sans gluten (tamari) • 3 c. à s. de vinaigre de riz • 2 c. à s. de graines de sésame

❶ Préchauffez un cuit-vapeur. Rincez le riz à l'eau froide dans une passoire jusqu'à ce que l'eau qui s'en écoule soit totalement claire.Versez-le dans un petit plat résistant à la chaleur et couvrez-le avec son volume d'eau. Couvrez le plat d'une assiette et disposez-le dans le panier vapeur. Faites cuire 25 minutes à feu vif, puis laissez reposer 5 minutes. ❷ Recouvrez une planche à découper de film alimentaire, et disposez dessus une feuille de nori de 20 × 10 cm. Déposez du riz sur la feuille de nori et étalez-le avec le plat de la main. Arrosez le riz d'un peu de vinaigre de riz. ❸ Rincez les crevettes et épongez-les soigneusement avec du papier absorbant. Rangez une dizaine de crevettes au centre du riz en les serrant bien. Arrosez d'un peu de tamari et saupoudrez de graines de sésame. ❹ Roulez la feuille de nori sur elle-même dans la largeur en serrant bien, pour que le riz soit comprimé, et les crevettes bien placées au centre, sans espace vide. Maintenez le rouleau emballé dans le film alimentaire, et placez-le 2 heures au réfrigérateur. Renouvelez l'opération jusqu'à épuisement des ingrédients. ❺ Au moment de servir, ôtez le film alimentaire et découpez les rouleaux en tronçons de 2 cm environ. Dégustez frais, avec du tamari.

Millet façon couscous

4 25 min 50 min

150 g de millet • 1 courgette • 1 carotte • 150 g de potiron • 1 navet • 1 c. à c. de concentré de tomates • 1 brin de thym • 1 feuille de laurier • 1 pincée de cumin • 1 pincée de coriandre • piment de Cayenne • 30 g de raisins secs • 100 g de pois chiches en boîte • 1 c. à s. d'huile d'olive • sel, poivre

❶ Lavez la courgette et coupez-la en dés. Pelez et lavez la carotte, émincez-la en fines rondelles. Ôtez la peau et les graines du potiron, puis coupez-le en dés. Pelez et lavez le navet, coupez-le en dés. ❷ Portez à ébullition 50 cl d'eau aromatisée de concentré de tomates, thym, laurier, cumin et coriandre en poudre. Salez et poivrez, ajoutez selon vos goûts une pointe de piment de Cayenne. Lorsque l'eau bout, ajoutez tous les légumes. Baissez le feu et laissez mijoter pendant 20 minutes. ❸ Faites chauffer 1 cuillerée à soupe d'huile d'olive dans une sauteuse. Ajoutez le millet, et laissez dorer 3 minutes à feu doux en remuant. Salez, poivrez et ajoutez les raisins secs. Mouillez avec 30 cl d'eau. Couvrez et laissez cuire à feu doux pendant 15 à 20 minutes. Ajoutez les pois chiches bien égouttés. Laissez chauffer 5 minutes, en remuant avec une fourchette pour bien séparer les graines. ❹ Servez le millet avec les légumes bien chauds. Accompagnez d'une brochette de bœuf ou de poulet rôti.

Muffins au maroilles et à la courgette

4 — 15 min — 15 à 20 min

1 courgette • 1 bouquet de ciboulette • 100 g de maroilles • 100 g de farine de maïs • 60 g de farine de soja • 1 sachet de levure chimique sans gluten • 3 œufs • 100 g de crème fraîche épaisse • 2 c. à s. d'huile d'olive • sel, poivre

❶ Préchauffez le four th. 5/6 (150/180 °C). Lavez la courgette, puis émincez-la en julienne. Émincez la ciboulette, coupez le maroilles en dés, après avoir gratté la croûte. ❷ Versez les farines de maïs et de soja dans un saladier, ajoutez la levure et une pincée de sel. Poivrez et mélangez. Ajoutez les œufs entiers, la crème et l'huile. Mélangez à l'aide d'une cuillère en bois. Ajoutez les bâtonnets de courgette, le fromage et la ciboulette, puis mélangez. ❸ Versez dans des moules à muffins, et faites cuire au four pendant 15 à 20 minutes. Dégustez tiède. Les muffins peuvent être préparés la veille et réchauffés au four pendant quelques minutes avant dégustation.

Pâtes fraîches de sarrasin, à la crème et aux lardons

4 — 35 min — 15 min

Pour les pâtes : 150 g de farine de sarrasin • 50 g de farine de riz • 2 œufs
Pour la garniture : 200 g de champignons • 60 g de lardons • 100 g de crème fraîche • 1 c. à s. d'huile d'olive • parmesan râpé • sel, poivre

❶ **Préparez les pâtes** : versez la farine de sarrasin et la farine de riz dans un saladier. Ajoutez les œufs entiers et 3 cuillerées à soupe d'eau froide. Travaillez la pâte à la main pour former une boule. Ajoutez si besoin un peu d'eau pour amalgamer, mais la pâte doit rester assez sèche et dure à travailler. Formez des boules de la taille d'un petit pois, puis roulez-les pour obtenir des pâtes allongées comme les spätzle alsaciens. Étalez les pâtes sur un grand plat fariné de sarrasin, au fur et à mesure. ❷ **Préparez la garniture** : coupez les champignons en lamelles fines, après les avoir frottés et avoir ôté l'extrémité du pied. Faites chauffer l'huile dans une grande sauteuse. Ajoutez les champignons et les lardons. Laissez dorer 5 minutes à feu vif, salez légèrement, poivrez, puis versez la crème. Réservez au chaud. ❸ Dans une grande casserole, portez à ébullition une grande quantité d'eau salée. Ajoutez les pâtes et laissez cuire à petite ébullition pendant 7 à 8 minutes. Égouttez les pâtes, puis versez-les dans la sauce. Réchauffez 2 minutes à feu doux, en mélangeant. Servez aussitôt, avec du parmesan râpé.

Petites graines sans gluten aux fruits secs

4 · 10 min · 20 min · 5 min

100 g de quinoa • 2 c. à s. d'amarante • 100 g de millet • 1 pincée de curcuma • 1 pincée de paprika • 35 g de raisins secs • 35 g de pignons • 35 g de noisettes • 2 c. à s. d'huile d'olive • sel, poivre

❶ Versez le quinoa et l'amarante dans une passoire très fine, puis rincez-les sous l'eau froide. ❷ Faites chauffer 1 cuillerée d'huile d'olive dans une sauteuse. Ajoutez le millet, le quinoa et l'amarante bien égouttés. Faites-les revenir 3 minutes à feu vif en remuant. Ajoutez 60 cl d'eau chaude, du sel, du poivre, une pincée de curcuma et un peu de paprika. Couvrez et laissez cuire à feu doux pendant 15 minutes. Ajoutez les raisins secs, retirez du feu et laissez reposer 5 minutes avec le couvercle. ❸ Hachez grossièrement les pignons et les noisettes au couteau.

Faites-les dorer 3 minutes dans une poêle antiadhésive, en remuant. ❹ Versez les graines dans un saladier. Rectifiez l'assaisonnement en sel et poivre. Ajoutez 1 cuillerée à soupe d'huile d'olive et remuez à la fourchette. Ajoutez les noisettes et pignons concassés et servez chaud ou froid, avec des grillades, un poisson au four ou simplement une ratatouille bien relevée.

Petits cakes marbrés au reblochon et à la pistache

4 · 25 min · 20 min

1 petite betterave • 150 g de reblochon • 30 g de pistaches non grillées • 50 g de farine de quinoa • 50 g de farine de soja • 80 g d'amidon de maïs • 1 sachet de levure chimique sans gluten • 3 œufs • 1 petit-suisse • 6 cl de lait • 3 c. à s. d'huile d'olive • sel, poivre

❶ Préchauffez le four th. 5 (150 °C). Écrasez la betterave coupée en dés à l'aide d'une fourchette. Grattez légèrement la croûte du fromage, puis coupez-le en dés. Hachez grossièrement les pistaches. ❷ Dans un saladier, mélangez les farines de quinoa et de soja, l'amidon de maïs et la levure. Ajoutez les œufs entiers, le petit-suisse, l'huile et le lait. Salez et poivrez, puis travaillez la pâte pour qu'elle soit parfaitement lisse. Versez-en la moitié dans un autre saladier. ❸ Incorporez dans un des saladiers la purée de betterave, et dans l'autre, les dés de reblochon. Versez les 2 pâtes dans des petits moules à cake individuels ou dans des moules à muffins, en intercalant les couleurs. ❹ Saupoudrez de pistaches et enfournez pour 20 minutes environ. Les cakes se démoulent tièdes et se dégustent tièdes ou à température ambiante, accompagnés d'une salade verte.

Pizza Margherita sans gluten

4 · 35 min · 30 min · 1 h + 5 min

150 g de farine de riz • 100 g de farine de soja • 1 sachet de levure de boulanger • 150 g de coulis de tomates • 250 g de mozzarella • quelques feuilles de basilic • 3 c. à s. d'huile d'olive • sel, poivre

❶ Versez les farines de riz et de soja dans un saladier. Ajoutez la levure, 2 cuillerées à soupe d'huile et 15 cl d'eau tiède. Salez et poivrez. Travaillez la pâte du bout des doigts. Formez une boule, et couvrez le saladier de film alimentaire. Laissez reposer 1 heure dans un endroit tiède. ❷ Préchauffez le four th. 6/7 (180/210 °C). Huilez une plaque à pâtisserie avec 1 cuillerée à soupe d'huile d'olive. Posez la pâte sur la plaque et étalez-la de façon régulière. Piquez-la avec une fourchette et enfournez-la pendant 15 minutes. ❸ Égouttez la mozzarella et coupez-la en tous petits dés. ❹ Sortez la pâte du four. Nappez de coulis de tomates, ajoutez la mozzarella et arrosez d'un peu d'huile d'olive. Remettez la pizza au four pendant 15 minutes, puis laissez-la reposer 5 minutes, four éteint. Décorez de feuilles de basilic et dégustez bien chaud.

Polenta à la tomate et aux saucisses

4 · 15 min · 50 min

250 g de polenta • 3 saucisses à cuire sans gluten (type saucisse de Toulouse) • 1 gousse d'ail • 1 boîte de tomates pelées de 800 g • 5 brins de persil • 3 feuilles de sauge • 1 brin de thym • 1 c. à s. d'huile d'olive • 50 g de parmesan • sel, poivre

❶ Faites cuire les saucisses dans une casserole remplie d'eau, pendant 20 minutes, à petit feu. Réservez au chaud. ❷ Pelez la gousse d'ail. Concassez les tomates dans leur jus. Lavez le persil, épongez-le, puis hachez-le. ❸ Faites chauffer 1 cuillerée à soupe d'huile d'olive dans une sauteuse. Ajoutez la gousse d'ail pelée, les feuilles de sauge et le thym effeuillé. Laissez dorer 2 minutes à feu moyen, puis versez les tomates concassées. Salez, poivrez, et laissez mijoter à découvert pendant 20 minutes. Rectifiez l'assaisonnement, ôtez la gousse d'ail et les feuilles de sauge. Saupoudrez la sauce de persil haché et gardez au chaud. ❹ Portez à ébullition 1,2 litre d'eau salée. Versez la polenta en pluie et laissez bouillir 5 minutes à feu moyen, en remuant sans arrêt. Poivrez, mélangez et versez la polenta dans un plat creux. Nappez avec la sauce, puis disposez les rondelles de saucisse par-dessus. Servez bien chaud, le parmesan dans un petit bol à part.

Polenta gratinée aux courgettes et au bœuf

6 · 30 min · 30 min

250 g de polenta • 1 petit oignon • 1 gousse d'ail • 1 courgette • 3 tomates • 3 tiges de basilic • 1 tige de menthe • 150 g de bœuf haché • 1 brin de thym • 250 g de mozzarella • 1 c. à s. d'huile d'olive • sel, poivre

❶ Portez à ébullition 1,2 litre d'eau salée. Ajoutez la polenta en pluie, tout en mélangeant avec un fouet. Laissez bouillir 5 minutes en remuant sans arrêt, et étalez la polenta sur une plaque à pâtisserie légèrement huilée. Lissez bien avec le plat de la main, et laissez refroidir pendant la préparation des légumes. ❷ Pelez l'oignon et l'ail, puis hachez-les finement. Lavez la courgette et les tomates, puis coupez-les en dés. Rincez le basilic et la menthe, épongez-les et émincez-les. ❸ Faites chauffer 1 cuillerée d'huile d'olive dans une sauteuse. Ajoutez le bœuf haché, l'oignon et l'ail. Faites dorer à feu vif pendant 5 minutes, en remuant. Ajoutez les dés de courgette et de tomate, ainsi que le basilic et la menthe. Faites mijoter 10 minutes à feu doux, en remuant. Salez, poivrez, ajoutez le thym effeuillé. ❹ Préchauffez le gril du four. Découpez la mozzarella en petits dés. Coupez la polenta refroidie en cubes. ❺ Disposez dans un plat à gratin les cubes de polenta, couvrez de légumes mijotés au bœuf. Répartissez la mozzarella par-dessus et passez 10 minutes au four, pour que le plat soit bien gratiné. Dégustez chaud.

Potatoes maison

4 15 min 20 min

1,3 kg de pommes de terre type Charlotte ou Roseval • 1 pincée de paprika • 1 pincée de curcuma • 1 pincée de thym • 2 c. à s. d'huile d'olive • sel, poivre

❶ Préchauffez le four th. 6/7 (180/210 °C). Lavez les pommes de terre, puis coupez-les en quatre ou en six, dans le sens de la longueur, sans les éplucher. ❷ Mettez les pommes de terre dans un saladier. Saupoudrez de paprika, de curcuma et de thym effeuillé. Salez et poivrez. Arrosez d'huile et mélangez délicatement pour bien enrober les pommes de terre. ❸ Étalez-les sur une plaque à pâtisserie et faites-les cuire 20 minutes en les retournant à mi-cuisson.

Disposez les pommes de terre sur un plat garni de papier absorbant et dégustez bien chaud, avec du poulet rôti ou des nuggets maison et une salade.

Quenelles de pommes de terre au comté

4 — 35 min — 35 min — 40 min

800 g de pommes de terre type Bintje • 150 g de comté • 100 g d'épinards hachés surgelés • 60 g d'amidon de maïs • 1 œuf • 1 pincée de noix de muscade • 1 c. à s. d'huile d'olive • 30 g de parmesan • sel, poivre

❶ Râpez finement le comté. Versez les épinards dans une petite casserole et faites-les cuire pendant 5 minutes, à feu doux, en remuant. Salez et poivrez. ❷ Lavez les pommes de terre et faites-les cuire pendant 20 minutes à l'eau bouillante salée. Pelez-les et écrasez-les à l'aide d'un presse-purée. Ajoutez les épinards, le fromage, l'œuf entier et l'amidon de maïs. Travaillez le mélange pour obtenir une pâte lisse et très compacte. Ajoutez encore de l'amidon de maïs pour l'épaissir, si besoin. Assaisonnez de sel, poivre et noix de muscade. ❸ Préchauffez le four th. 6 (180 °C). Laissez refroidir le mélange parfaitement pendant environ 30 minutes. Formez ensuite des petites quenelles, à l'aide de 2 cuillères à soupe. ❹ Disposez les quenelles dans un grand plat allant au four (ou sur une plaque à pâtisserie), sans les serrer. Arrosez-les d'un filet d'huile d'olive et saupoudrez de parmesan. Faites cuire 15 minutes au four, puis laissez reposer 10 minutes, four éteint. Servez les quenelles bien dorées, avec une salade de fenouil croquant ou des courgettes sautées.

Quiche lorraine sans gluten

4 · 30 min · 45 min · 10 min

Pour la pâte : 80 g de farine de sarrasin • 120 g de farine de maïs (+ amidon pour le plan de travail) • 25 g de parmesan • ½ sachet de levure chimique sans gluten • 100 g de beurre • sel, poivre

Pour la garniture : 150 g de jambon coupé en une seule tranche • 4 œufs • 10 cl de lait • 20 cl de crème fraîche épaisse • 1 c. à s. d'amidon de maïs • 40 g de gruyère râpé • 1 pincée de noix de muscade • sel, poivre

❶ **Préparez la pâte** : versez la farine de sarrasin et la farine de maïs dans un saladier. Ajoutez une pincée de sel, le parmesan, du poivre et la levure. Mélangez. Coupez le beurre en petits dés, puis ajoutez-le et travaillez la pâte pour obtenir un mélange sableux. Mouillez avec 3 cuillerées à soupe d'eau tiède et formez une boule. Placez-la au frais dans un film alimentaire pendant la préparation de la garniture. ❷ **Préparez la garniture** : dégraissez le jambon et coupez-le en petits dés. Cassez les œufs dans un saladier. Battez-les, puis ajoutez le lait, la crème, l'amidon de maïs. Travaillez le mélange au fouet pour qu'il soit bien lisse. Ajoutez du poivre, une pincée de noix de muscade et très peu de sel. ❸ Préchauffez le four th. 6 (180 °C). Étalez la pâte sur le plan de travail saupoudré d'amidon de maïs. Garnissez-en un moule à tarte de 26 cm environ. Piquez la surface avec une fourchette. ❹ Garnissez le fond de tarte avec les dés de jambon. Versez doucement le mélange œufs-crème par-dessus. Saupoudrez de gruyère râpé. Faites cuire 30 minutes à th. 6 (180 °C), puis 15 minutes à th. 5 (150 °C). Laissez reposer 10 minutes dans le four éteint et ouvert, puis servez, avec une salade.

Quinoa aux légumes et au poulet

4 · 25 min · 35 min

120 g de quinoa • 1 petite courgette • 150 g de pois gourmands • 150 g de fleurettes de brocoli • 50 g de filet de bacon • 300 g d'aiguillettes de poulet • 20 g de pignons de pin • 3 c. à s. d'huile d'olive • 2 c. à s. de vinaigre balsamique • 5 brins de persil plat • sel, poivre

❶ Versez le quinoa dans une passoire fine, et rincez-le sous l'eau froide. Versez-le dans une casserole contenant de l'eau salée et faites-le cuire 10 minutes à feu doux. Dès qu'il devient transparent, égouttez-le et laissez-le tiédir. ❷ Préchauffez le cuit-vapeur. Lavez la courgette, puis coupez-la en petits dés. Rincez les pois gourmands et les fleurettes de brocoli. Faites cuire les légumes 10 minutes à la vapeur. Ils doivent rester croquants et bien colorés. ❸ Émincez le bacon en lamelles. Faites chauffer 1 cuillerée d'huile d'olive dans une sauteuse. Ajoutez les lamelles de bacon. Faites-les dorer à feu vif pendant 3 minutes, puis réservez-les sur une assiette. Ajoutez 1 cuillerée d'huile dans la sauteuse, et les aiguillettes de poulet. Faites dorer 5 minutes à feu vif, puis laissez cuire 5 minutes à feu doux. Salez et poivrez. Réservez. ❹ Faites dorer les pignons de pin pendant 2 minutes dans une petite poêle antiadhésive, sans ajouter de matière grasse. Rincez, épongez et hachez le persil. Disposez le quinoa dans un plat creux. Ajoutez les légumes et mélangez délicatement. Disposez pardessus le poulet et le bacon bien dorés. Assaisonnez d'un peu d'huile d'olive et de vinaigre balsamique. Saupoudrez de persil et de pignons. Dégustez tiède.

Risotto à la mimolette et mascarpone

4 | 20 min | 23 min | 5 min

250 g de riz pour risotto (type Arborio) • 1 échalote • 50 g de mimolette vieille • 5 brins de ciboulette • 1 dosette de safran en poudre • ½ verre de vin blanc • 2 c. à s. de mascarpone • 2 c. à s. de parmesan râpé • 1 c. à s. d'huile d'olive • sel, poivre

❶ Pelez et émincez l'échalote. Râpez la mimolette. Émincez la ciboulette. Faites chauffer l'huile dans une grande cocotte. Ajoutez l'échalote et laissez dorer 5 minutes à feu très doux, en remuant. ❷ Versez le riz et le safran, mélangez. Mouillez avec le vin, laissez évaporer, puis ajoutez 45 cl d'eau bouillante. Salez, poivrez, mélangez, puis laissez cuire à couvert, à feu très doux, pendant 18 minutes. Ajoutez un peu d'eau en cours de cuisson, si besoin. ❸ Ôtez du feu, ajoutez le mascarpone et la mimolette. Couvrez et laissez reposer 5 minutes. Mélangez délicatement et dégustez bien chaud, saupoudré de parmesan et de ciboulette.

Risotto aux asperges et au saumon

4 | 15 min | 35 min | 5 min

250 g de riz pour risotto • 15 asperges vertes surgelées • 1 petit oignon • 1 dose de safran • 1 brin de thym • 2 tranches de saumon fumé • 2 c. à s. de mascarpone • 2 c. à s. de parmesan râpé • 1 c. à s. d'huile d'olive • 5 brins de persil plat • sel, poivre

❶ Faites cuire les asperges 10 minutes à la vapeur. Laissez-les tiédir, puis coupez-les en petits tronçons de 3 cm de long. Portez à ébullition 75 cl d'eau dans une casserole. ❷ Pelez et hachez l'oignon finement. Faites chauffer 1 cuillerée d'huile dans une cocotte à fond épais. Ajoutez le riz et l'oignon haché, puis laissez dorer à feu très doux pendant 5 minutes, en remuant. Ajoutez le safran, 1 brin de thym, du sel et poivre, puis mouillez avec 75 cl d'eau bouillante. ❸ Couvrez la cocotte contenant le riz et laissez cuire à feu très doux pendant 20 minutes, en remuant le moins souvent possible pour ne pas écraser les grains. Ajoutez un peu d'eau chaude si le riz se dessèche trop vite en cours de cuisson. ❹ Découpez le saumon en fines lamelles. Quand le riz est moelleux, ôtez le thym, puis ajoutez les tronçons d'asperges, 2 cuillerées à soupe de parmesan et le mascarpone. Mélangez délicatement, couvrez et laissez reposer 5 minutes. ❺ Rincez le persil, puis épongez-le et hachez-le. Répartissez le riz dans quatre assiettes creuses de service. Ajoutez les lamelles de saumon par-dessus et décorez avec le persil haché. Accompagnez de parmesan à part, dans un petit bol.

Riz à la mode de Louisiane

4 25 min 50 min

200 g de riz long grain • 1 oignon • 1 gousse d'ail • 1 branche de céleri • 1 poivron rouge • 2 tomates • 10 brins de persil plat • 200 g de haricots rouges en boîte • 1 brin de thym • 1 pincée de piment doux • 1 pincée de cumin • 1 pincée de muscade • 2 c. à s. d'huile de tournesol • sel, poivre

❶ Pelez l'oignon et l'ail et hachez-les. Lavez le céleri, le poivron et les tomates, coupez-les en petits dés. Lavez le persil, épongez-le délicatement et hachez-le. Égouttez les haricots rouges. ❷ Faites chauffer 2 cuillerées à soupe d'huile dans une cocotte. Ajoutez l'oignon, l'ail et le poivron émincés. Laissez dorer 5 minutes en remuant, à feu moyen. Ajoutez ensuite le céleri et les tomates coupés. Salez, poivrez, assaisonnez de thym effeuillé, de piment doux, de cumin et de muscade. Mélangez, couvrez et laissez mijoter 15 minutes. Ajoutez les haricots égouttés et la moitié du persil haché, et laissez cuire encore 10 minutes à feu doux. ❸ Pendant la cuisson des légumes, faites cuire le riz à l'eau bouillante salée, pendant 18 minutes. Égouttez-le et gardez-le au chaud. ❹ Servez le riz en couronne, avec la garniture de légumes et haricots au centre. Saupoudrez avec le reste du persil et dégustez bien chaud. Vous pouvez consommer ce riz cuisiné en plat principal végétarien, ou comme accompagnement d'une côte de porc grillée au barbecue, par exemple.

Riz aux boulettes de viande

4 | 30 min | 30 min

300 g de porc maigre haché • 1 petit oignon • 5 tiges de persil plat • 1 œuf • 2 c. à s. d'amidon de maïs • 1 boîte de tomates pelées • 250 g de riz basmati • 1 brin de thym • 40 g de comté râpé • 2 c. à s. d'huile d'olive • sel, poivre

❶ Pelez et hachez finement l'oignon. Ciselez le persil. Mélangez dans un saladier le porc haché, l'œuf, l'amidon de maïs, l'oignon et le persil. Salez et poivrez. Formez des boulettes de la taille d'une petite noix. ❷ Faites chauffer l'huile d'olive dans une sauteuse. Ajoutez les boulettes de viande et faites-les dorer 5 minutes à feu vif, en les retournant délicatement. Ajoutez les tomates pelées, baissez le feu et laissez mijoter à feu doux pendant 10 minutes. ❸ Faites cuire le riz 12 minutes dans une fois et demie son volume d'eau bouillante salée, aromatisée d'un brin de thym. ❹ Répartissez le riz dans quatre assiettes creuses, ajoutez les boulettes à la sauce tomate. Saupoudrez de comté râpé et dégustez bien chaud.

Riz rouge sauté au porc et au lait de coco

4 — 20 min — 45 min

250 g de riz rouge thaï • 300 g d'échine de porc • 1 oignon • 10 brins de coriandre • 20 cl de lait de coco • 1 pincée de piment • 1 pincée de curcuma • 2 c. à s. d'huile de tournesol • sel, poivre

❶ Pelez et émincez finement l'oignon. Dégraissez l'échine de porc et coupez-la en fines lamelles. Rincez la coriandre, épongez-la délicatement et effeuillez-la. Faites cuire le riz 15 minutes à l'eau bouillante salée, puis égouttez-le et laissez tiédir. ❷ Faites chauffer 1 cuillerée à soupe d'huile dans une casserole. Ajoutez l'oignon émincé et les lamelles d'échine. ❸ Faites revenir à feu vif pendant 5 minutes en remuant. Baissez le feu, ajoutez le lait de coco, du sel, du poivre, le curcuma et le piment. Couvrez et laissez cuire 15 minutes à feu doux. ❹ Faites chauffer 1 cuillerée à soupe d'huile dans une grande sauteuse ou dans un wok. Ajoutez le riz cuit et faites sauter pendant 5 minutes à feu vif en séparant les grains à l'aide d'une fourchette. Ajoutez le porc au lait de coco, les feuilles de coriandre, et faites chauffer 3 minutes en remuant. Servez aussitôt.

Riz sauté au porc caramélisé

4 · 25 min · 30 min

250 g de riz parfumé thaï • 300 g de grillade de porc (ou filet) • 1 courgette • 1 petit oignon • 5 tiges de cive (ou un bouquet de ciboulette) • 5 brins de coriandre • 2 c. à s. de sucre en poudre • 2 c. à s. de sauce soja sans gluten (tamari) • 1 citron • 2 c. à s. de sésame doré • 2 c. à s. d'huile de tournesol • sel, poivre

❶ Rincez le riz et faites-le cuire dans une fois et demie son volume d'eau, à la casserole ou de préférence dans un rice-cooker (environ 12 minutes). Laissez au chaud en attente. ❷ Coupez le porc en fines lamelles. Lavez et coupez la courgette en très petits dés. Pelez et hachez l'oignon. Rincez soigneusement les cives et émincez-les. Lavez la coriandre, épongez-la dans du papier absorbant et effeuillez-la. ❸ Faites chauffer 1 cuillerée à soupe d'huile dans une large sauteuse ou dans un wok. Ajoutez les lamelles de porc et faites-les sauter 5 minutes à feu très vif, en remuant sans arrêt. Baissez le feu, saupoudrez de sucre, ajoutez le tamari, du poivre et un filet de jus de citron. Laissez cuire 3 minutes et réservez sur une assiette. ❹ Versez 1 cuillerée à soupe d'huile dans la sauteuse. Ajoutez l'oignon, les dés de courgettes et les cives émincées. Salez, poivrez et faites cuire 5 minutes à feu vif en remuant. ❺ Ajoutez dans la sauteuse le riz et le porc caramélisé. Faites sauter 3 minutes à feu vif en remuant délicatement. Versez dans le plat de service, ajoutez le sésame et les feuilles de coriandre. Servez bien chaud.

Riz sauvage au saumon et à l'aneth

4 — 20 min — 45 min

150 g de riz à long grain • 100 g de riz sauvage noir • 300 g de pavés de saumon frais • 1 carotte • 1 tige de céleri • 2 oignons nouveaux • 1 brin d'aneth • 4 c. à s. de crème fraîche épaisse • 2 c. à s. d'huile de tournesol • sel, poivre

❶ Pelez et lavez la carotte. Lavez le céleri, gardez uniquement un tronçon tendre de 15 cm environ. Coupez-la carotte et le céleri en très petits dés. Lavez les oignons nouveaux et hachez-les. Lavez l'aneth, séchez-le et hachez finement ses feuilles. ❷ Rincez les pavés de saumon sous l'eau froide, épongez-les et coupez-les en cubes. ❸ Faites cuire les 2 riz en même temps, dans une casserole d'eau salée, pendant 20 minutes. Égouttez et réservez au chaud. ❹ Faites chauffer 2 cuillerées à soupe d'huile de tournesol dans une large sauteuse. Ajoutez la brunoise de céleri et de carotte, ainsi que les oignons hachés. Faites revenir à feu doux pendant 5 minutes, en remuant. Ajoutez 2 cuillerées à soupe d'eau, les cubes de saumon, du sel, du poivre. Couvrez et laissez mijoter à feu très doux pendant 15 minutes. ❺ Ajoutez la crème et l'aneth dans la sauteuse, sur le poisson. Mélangez très délicatement et laissez chauffer 2 minutes. Versez le riz dans un plat de service creux. Ajoutez le poisson à la crème par-dessus et servez aussitôt.

Tarte aux courgettes et au saumon

4 — 35 min — 45 min

Pour la pâte : 100 g de farine de millet • 100 g d'amidon de maïs • 30 g de pignons • 1 pincée de levure chimique sans gluten • 2 c. à s. d'huile d'olive • 2 c. à s. de crème fraîche • sel, poivre

Pour la garniture : 2 petites courgettes • 80 g de saumon fumé • 3 œufs • 15 cl de lait • 2 c. à s. d'amidon de maïs • 1 pincée de curry • sel, poivre

❶ **Préparez la pâte :** hachez grossièrement les pignons. Versez la farine de millet et l'amidon de maïs dans un saladier. Ajoutez la levure, les pignons hachés, du sel et du poivre. Liez la pâte avec l'huile d'olive et la crème. Travaillez rapidement la pâte et formez une boule. Si la pâte vous semble trop molle, ajoutez un peu d'amidon de maïs. Placez au frais pendant la préparation de la garniture. ❷ **Préparez la garniture :** lavez les courgettes et coupez-les en petits dés. Disposez-les sur une assiette, couvrez de film alimentaire et perforez-le de quelques trous. Faites cuire 5 minutes au four à micro-ondes. Égouttez et épongez les dés de courgette. Coupez le saumon en dés. Dans un bol, battez les œufs, le lait et l'amidon de maïs. Ajoutez une pincée de curry, salez (peu) et poivrez. ❸ Préchauffez le four th. 5/6 (150/180 °C). Étalez la pâte dans un moule à tarte de 26 cm environ, avec les doigts. Piquez le fond avec une fourchette. Répartissez les dés de courgette sur le fond de tarte. Ajoutez le saumon fumé et nappez du mélange œufs-lait. Faites cuire 40 minutes au four. Dégustez chaud ou tiède avec une salade verte.

Tarte aux tomates

4 | 35 min | 45 min

Pour la pâte : 100 g d'amidon de maïs • 100 g de farine de maïs • 100 g de beurre • 1 petit œuf • 1 c. à s. de graines de sésame • 1 c. à s. de graines de sarrasin (kasha) • sel, poivre
Pour la garniture : 3 tomates type Torino (allongées) • 2 œufs • 3 c. à s. de lait • 1 c. à s. d'amidon de maïs • 1 brin de basilic • 200 g de fromage de chèvre frais • 2 c. à s. de parmesan • 2 c. à s. d'huile d'olive • sel, poivre

❶ Préchauffez le four th. 7 (210 °C). Lavez les tomates, puis coupez-les en rondelles de 5 mm d'épaisseur. Badigeonnez une plaque à pâtisserie d'huile d'olive à l'aide d'un pinceau. Disposez sur la plaque les rondelles de tomate. Salez, poivrez, arrosez d'un léger filet d'huile. Faites confire les rondelles de tomate pendant 10 minutes au four, puis laissez-les tiédir. ❷ **Préparez la pâte :** dans un saladier, mélangez l'amidon de maïs, la farine de maïs, le beurre mou coupé en petits dés, du sel et du poivre. Quand les ingrédients forment une pâte sableuse, ajoutez l'œuf, le sésame et le kasha. Mélangez et formez une boule. Si la pâte n'est pas assez dense, ajoutez un peu de farine de maïs. Placez au frais. ❸ Dans un saladier, battez 2 œufs, le lait, 1 cuillerée à soupe d'amidon de maïs, du sel et du poivre. Ajoutez le basilic ciselé. Coupez le fromage de chèvre en dés. ❹ Mettez la boule de pâte dans un moule antiadhésif de 24 cm, et étalez avec les doigts de façon bien régulière et en formant un bord. Ajoutez par-dessus le fromage de chèvre, les rondelles de tomates confites, puis le mélange œufs-lait. Saupoudrez de parmesan et faites cuire 15 minutes au four th. 7 (210 °C), puis 20 minutes th. 5 (150 °C). Dégustez chaud, avec une salade verte.

Temakis sushis végétariens

4 · 40 min · 25 min · 5 min

150 g de riz spécial • 2 c. à s. de vinaigre de riz pour sushis • 1 c. à c. de sucre en poudre • 1 paquet de feuilles de nori sans gluten • 1 petit concombre • 5 radis rouges • 1 petit avocat • 1 citron • 2 c. à s. de sauce soja • ½ c. à c. de pâte de wasabi • 1 c. à s. de graines de sésame noir

❶ Préchauffez le cuit-vapeur. Rincez le riz à l'eau froide, dans une passoire, jusqu'à ce que l'eau qui s'en écoule soit totalement claire. Versez-le dans un petit plat résistant à la chaleur et couvrez-le avec son volume d'eau. Couvrez le plat d'une assiette et disposez-le dans le panier vapeur. Faites cuire 25 minutes à feu vif, puis laissez reposer 5 minutes. Versez-le dans un saladier. Arrosez-le de vinaigre de riz et saupoudrez de sucre. Mélangez. ❷ Découpez les feuilles de nori en carrés de 10 × 10 cm. Pelez le concombre et coupez-le en fins bâtonnets. Lavez les radis et hachez-les grossièrement. Pelez l'avocat et coupez-le en dés. Mettez les légumes découpés dans un saladier. Arrosez-les de jus de citron, de sauce soja et ajoutez une touche de wasabi. Mélangez. ❸ Posez une feuille de nori sur le plan de travail. Disposez au centre 1 cuillerée de riz, et 1 cuillerée de légumes assaisonnés. Roulez la feuille de nori pour obtenir un cône ouvert (comme un petit cornet). Ajoutez du riz et des légumes, si besoin, pour qu'il soit suffisamment garni. Saupoudrez de graines de sésame noir. ❹ Maintenez le cornet avec du film alimentaire. Renouvelez l'opération jusqu'à l'épuisement des ingrédients. Dégustez bien frais, avec du tamari ou du wasabi.

Timbale de riz aux champignons et aux lardons

4 · 25 min · 1 h · 15 min

200 g de riz pour risotto • 1 oignon • 150 g de champignons • 1 petite aubergine (150 g) • 50 g de lardons • 2 œufs • 3 c. à s. de crème fraîche épaisse • 1 c. à s. d'huile d'olive • 80 g de fromage à raclette • sel, poivre

❶ Portez à ébullition 60 cl d'eau dans une casserole. ❷ Pelez et hachez finement l'oignon. Faites chauffer 1 cuillerée à soupe d'huile dans une petite cocotte, ajoutez l'oignon haché et laissez dorer 5 minutes à feu doux, en remuant. Ajoutez le riz, salez, poivrez et faites revenir 3 minutes en remuant. Versez l'eau bouillante, remuez, couvrez et laissez cuire 18 minutes. Ajoutez un peu d'eau en cours de cuisson si besoin. Laissez reposer 10 minutes. ❸ Frottez les champignons, ôtez leur pied sableux, puis émincez-les. Lavez l'aubergine et coupez-la en petits dés. Faites chauffer 1 cuillerée d'huile dans une sauteuse. Ajoutez les lardons et faites dorer à feu vif pendant 5 minutes. Jetez le gras résiduel, puis ajoutez les champignons et les dés d'aubergine. Salez, poivrez, mélangez et laissez cuire à feu doux pendant 10 minutes. ❹ Versez le riz dans un saladier.

Ajoutez la crème, le mélange de lardons et légumes, ainsi que 2 œufs battus. Rectifiez l'assaisonnement en sel et poivre. ❺ Préchauffez le four th. 6 (180 °C). Ôtez la croûte de fromage à raclette et coupez-le en lamelles. Versez le riz dans quatre plats individuels à gratin et répartissez le fromage sur la surface. Faites cuire 20 minutes au four. Laissez reposer 5 minutes à température ambiante et dégustez.

Wraps aux crudités et au thon

4 35 min 50 min 2 h

Pour la pâte : 150 g de farine de maïs • 50 g d'amidon de maïs • 1 c. à s. d'huile d'olive • 15 cl de lait • 1 œuf • sel, poivre • 2 c. à s. d'huile de pépins de raisin
Pour la garniture : 150 g de thon • 2 tomates • ¼ de laitue Iceberg • 1 petit avocat • 1 citron vert • 60 g de chèvre frais • 1 c. à s. d'huile d'olive • sel, poivre

❶ Préparez la pâte pour les galettes en mélangeant la farine et l'amidon de maïs, l'huile, l'œuf et le lait. Salez et poivrez. Si la pâte vous semble trop épaisse, ajoutez 2 ou 3 cuillerées à soupe d'eau. ❷ Faites chauffer une poêle à crêpes badigeonnée d'huile de pépins de raisin. Ajoutez une grosse louche de pâte et faites cuire une galette un peu épaisse, 3 minutes sur chaque face. Renouveler l'opération pour obtenir 8 galettes. Gardez-les au chaud. ❸ Égouttez et émiettez le thon. Tranchez les tomates en rondelles et émincez la salade. Pelez l'avocat et coupez-le en lamelles. Arrosez de jus de citron vert. ❹ Garnissez les galettes tièdes ou froides de fromage de chèvre, thon, tomate, avocat et salade. Salez, poivrez, arrosez d'un filet d'huile et roulez-les bien serré. Consommez vos wraps aussitôt ou entourez-les de film alimentaire et placez-les au frais, pendant 2 heures au maximum.

Barres chocolatées au riz soufflé

4 · 20 min · 5 min · 1 h

50 g de noisettes • 150 g de chocolat noir sans gluten • 80 g de beurre • 80 g de riz soufflé sans gluten

❶ Faites dorer les noisettes pendant 5 minutes à feu moyen, dans une petite casserole, sans matière grasse. Hachez-les grossièrement au couteau. ❷ Cassez le chocolat en morceaux et faites-le fondre au bain-marie avec le beurre. Laissez tiédir légèrement. ❸ Mélangez le chocolat fondu, le riz soufflé et les noisettes à l'aide d'une spatule. Versez le mélange sur une plaque à pâtisserie. Lissez la surface et laissez refroidir complètement pendant 1 heure. ❹ Découpez la plaque en barres ou en petits carrés. Conservez dans une boîte hermétique pendant 3 jours, dans un lieu frais et aéré.

Biscuit fondant aux amandes et à l'orange

4-5 20 min 25 min

2 œufs • 1 orange non traitée • 80 g de sucre en poudre • 125 g de poudre d'amandes • 4 c. à s. d'amidon de maïs • ½ sachet de levure chimique sans gluten • sel

❶ Préchauffez le four th. 5 (150 °C). Séparez les blancs d'œufs des jaunes. Lavez l'orange sous l'eau chaude, puis pressez-la. Râpez une petite partie du zeste, très finement. ❷ Travaillez les jaunes d'œufs et le sucre au fouet électrique pour obtenir un mélange mousseux et très clair. Ajoutez le jus et le zeste de l'orange, la poudre d'amandes, l'amidon de maïs et la levure. Mélangez pour obtenir une pâte très lisse. ❸ Montez les blancs d'œufs, additionnés d'1 pincée de sel, en neige très ferme. Incorporez-les à la pâte précédente, en deux fois, en mélangeant délicatement. ❹ Versez le mélange dans un moule à savarin (en forme de couronne) antiadhésif. Faites cuire 10 minutes th. 5 (150 °C), puis 15 minutes th. 4 (120 °C). Si le biscuit se colore trop vite, couvrez-le d'une feuille de papier d'aluminium. Laissez tiédir avant de démouler. Dégustez froid.

Bouchées de riz aux framboises et à la mangue

4 | 30 min | 20 min | 5 min

160 g de riz gluant (ou pour sushis) • 120 g de lait de coco • 2 c. à s. de sucre roux • 100 g de framboises • 1 mangue pas trop mûre • 2 c. à s. de noix de coco râpée

❶ Rincez le riz à l'eau froide. Versez-le dans une casserole avec 20 cl d'eau et le lait de coco. Couvrez et faites cuire 20 minutes à feu très doux. Laissez reposer 5 minutes. Ajoutez le sucre et mélangez délicatement. ❷ Étalez le riz sur une feuille de film alimentaire, en réalisant un grand rectangle de 6 × 40 cm sur 1 cm d'épaisseur. Tassez légèrement le riz, et placez au centre les framboises. Repliez le film alimentaire pour obtenir un rouleau, en le serrant bien. Laissez tiédir. ❸ Pelez la mangue, puis coupez-la en lamelles à l'aide d'un économe. Ôtez le film alimentaire du riz et découpez des bouchées de la forme d'un sushi. Entourez chaque bouchée d'une lamelle de mangue et saupoudrez de noix de coco. Dégustez tiède ou à température ambiante.

Brownie fondant aux noix de pécan

6 · 30 min · 30 min

50 g de noix • 50 g de noix de pécan • 200 g de chocolat noir sans gluten • 100 g de beurre • 3 œufs • 100 g de sucre en poudre • 1 sachet de sucre vanillé • 50 g d'amidon de maïs • ½ sachet de levure chimique sans gluten

❶ Préchauffez le four th. 5 (150 °C). Concassez grossièrement les noix et les noix de pécan sans les hacher. ❷ Cassez le chocolat en petits morceaux. Mettez les morceaux dans un bol. Ajoutez le beurre coupé en dés. Faites fondre 1 minute au four à micro-ondes. Lissez à la spatule et laissez tiédir légèrement. ❸ Battez les œufs dans un saladier, avec le sucre en poudre et le sucre vanillé. Ajoutez le chocolat et le beurre fondus. Travaillez à la spatule, puis ajoutez l'amidon de maïs et la levure. Incorporez ensuite les noix concassées. ❹ Versez la pâte dans un moule carré, et faites cuire 30 minutes au four. Laissez refroidir le brownie dans le moule. Dégustez à température ambiante.

Bûche de noël aux fruits exotiques

6 45 min 15 min 30 min

Pour la pâte : ½ citron bio • 4 œufs • 90 g de sucre en poudre (+ 1 c. à s.) • 60 g d'amidon de maïs • sel
Pour la crème : 40 cl de lait • 40 g d'amidon de maïs • 40 g de sucre en poudre • 1 sachet de sucre vanillé • 1 jaune d'œuf
Pour la garniture : 1 mangue • 1 kiwi • sucre glace sans gluten

❶ **Préparez la crème vanillée :** mélangez dans une casserole le lait, l'amidon de maïs, le sucre, le sucre vanillé et le jaune d'œuf. Fouettez le mélange et portez à ébullition, sur feu moyen. Mélangez sans arrêt et laissez bouillir 1 minute. Retirez du feu aussitôt, versez la crème dans un saladier et laissez refroidir. Placez au réfrigérateur pendant 30 minutes. ❷ Préchauffez le four th. 5 (150 °C). ❸ **Préparez la pâte :** lavez le citron sous l'eau chaude, râpez 1 grosse pincée de zeste. Séparez les jaunes d'œufs des blancs. Travaillez les jaunes d'œufs et le sucre, jusqu'à ce que le mélange devienne clair et mousseux. Ajoutez 1 cuillerée à café de jus de citron, le zeste râpé et l'amidon de maïs. Mélangez. Montez les blancs d'œufs, additionnés d'une pincée de sel, en neige très ferme. Incorporez délicatement les blancs à la pâte précédente, en aérant bien le mélange. ❹ Garnissez la plaque à pâtisserie d'une feuille de papier sulfurisé. Versez-y la pâte et faites cuire 10 à 12 minutes au four. Étalez un torchon propre sur le plan de travail. Arrosez-le très légèrement d'eau, et saupoudrez-le d'1 cuillerée à soupe de sucre. Démoulez le gâteau sur le torchon, ôtez le papier sulfurisé et roulez le gâteau délicatement, avec le torchon. Laissez refroidir ainsi, pour que la pâte prenne la forme d'un biscuit roulé. ❺ **Préparez la garniture** : pelez la mangue et le kiwi, puis coupez-les en très petits dés. Épongez-les dans du papier absorbant pour éliminer le surplus de jus. ❻ **Montez le gâteau :** déroulez très délicatement le biscuit, sans le briser. Étalez-y la crème à la vanille. Répartissez les fruits par-dessus. Tassez légèrement avec le plat de la main. Roulez à nouveau le biscuit pour lui donner sa forme définitive et emballez-le dans du film alimentaire. Placez au frais jusqu'au moment du repas. ❼ Au moment de déguster, ôtez le film alimentaire. Placez la bûche sur le plat de service. Coupez les 2 extrémités en biseau et saupoudrez de sucre glace. Décorez avec des fruits frais et des petits sujets de Noël.

Cake au citron

4/6 20 min 30 min

180 g d'amidon de maïs • 20 g de farine de soja • 75 g de sucre en poudre • 1 sachet de levure chimique sans gluten • 1 sachet de sucre vanillé • 1 citron bio • 80 g de beurre • 3 œufs

❶ Versez l'amidon de maïs et la farine de soja dans un saladier. Ajoutez le sucre en poudre, le sucre vanillé et la levure. Mélangez. ❷ Préchauffez le four th. 4-5 (120/150 °C). Lavez le citron. Râpez son zeste avec une râpe très fine, puis pressez le citron pour récupérer son jus. ❸ Faites fondre le beurre 30 secondes au four à micro-ondes. Ajoutez dans le saladier les œufs entiers, le beurre fondu, le jus et le zeste de citron. Travaillez le mélange avec une spatule, pour obtenir une pâte lisse et homogène. ❹ Versez la pâte dans un moule à cake et faites cuire 30 minutes. Si le gâteau se colore trop rapidement, couvrez-le en cours de cuisson avec une feuille de papier d'aluminium. Laissez tiédir le cake, puis démoulez-le. Dégustez froid.

Caramels au beurre salé et au chocolat

8 · 15 min · 30 min · 3 min + 4 h

100 g de beurre demi-sel • 100 g de chocolat noir pour pâtisserie sans gluten • 15 cl de crème fraîche épaisse • 250 g de sucre en poudre • sel

❶ Coupez le beurre en petits dés. Cassez le chocolat en morceaux. Versez la crème dans un bol et faites-la chauffer 1 minute au four à micro-ondes. Garnissez la plaque à pâtisserie d'une feuille de papier sulfurisé. ❷ Versez le sucre dans une casserole de 18 cm de diamètre environ, à fond épais. Ajoutez 15 cl d'eau et portez à ébullition. Faites cuire pendant 15 minutes environ, à feu assez vif pour que le mélange caramélise. Évitez de remuer, ce qui pourrait rendre le caramel granuleux. Retirez du feu lorsque le caramel est bien coloré et laissez tiédir légèrement (3 minutes). ❸ Ajoutez le beurre, la crème, une pincée de sel et le chocolat en morceaux. Mélangez à la spatule en bois et remettez sur le feu. Faites cuire à bonne ébullition pendant encore 15 minutes, en remuant. Surveillez pour que le mélange n'attache pas et ne brûle pas. ❹ Versez le caramel au chocolat sur la plaque à pâtisserie. Laissez refroidir à température ambiante sans couvrir pendant 4 heures. ❺ Quand le caramel commence à durcir, découpez-le en petits carrés. Vous pouvez conserver vos caramels pendant quelques jours dans une boîte hermétique.

Crème au chocolat et fines tuiles aux amandes

4 · 30 min · 30 min · 10 min

Pour la crème : 2 jaunes d'œufs • 40 g de sucre en poudre • 20 g de cacao en poudre • 35 g d'amidon de maïs • 50 cl de lait
Pour les tuiles : 80 g de beurre • 60 g de sucre en poudre • 80 g d'amidon de maïs • 2 blancs d'œufs • 60 g d'amandes effilées • 1 pincée de sel

❶ **Préparez la crème** : mélangez les jaunes d'œufs, le sucre, le cacao, l'amidon de maïs et le lait dans une casserole. Portez à ébullition en fouettant sans arrêt. Laissez bouillir 1 minute et répartissez la crème dans 4 ramequins. Laissez tiédir, puis placez-les au frais, couverts de film alimentaire.
❷ **Préparez les tuiles** : travaillez le beurre mou (mais pas fondu) avec le sucre pour obtenir un mélange en pommade. Ajoutez 1 pincée de sel, l'amidon de maïs et les blancs d'œufs non battus. Travaillez la pâte quelques instants, ajoutez les amandes effilées et placez-la 10 minutes au congélateur.
❸ Préchauffez le four th. 6 (180 °C). Garnissez une plaque à pâtisserie de papier sulfurisé. Disposez environ 8 petits tas de pâte sur la plaque, en les espaçant bien, car la pâte s'étale pendant la cuisson. Replacez le reste de la pâte au

frais. Enfournez les tuiles pendant 6 à 8 minutes, le temps que les bords soient bien colorés. ❹ Placez aussitôt les tuiles chaudes sur un rouleau à pâtisserie pour qu'elles s'arrondissent en refroidissant. Répétez la même opération jusqu'à l'épuisement de la pâte. Servez la crème froide, avec les tuiles refroidies et croustillantes.

Crêpes choco-noisette

12 crêpes • 20 min • 1 h 20

Pour la pâte : 190 g d'amidon de maïs • 1 sachet de sucre vanillé • 20 g de sucre en poudre • 3 œufs • 50 g de crème fraîche liquide • 50 cl de lait • 2 c. à s. d'huile de pépins de raisin • sel
Pour la garniture : 50 g de noisettes entières • 100 g de chocolat au lait sans gluten • 30 g de crème liquide

❶ **Préparez la pâte** : versez l'amidon de maïs, le sucre vanillé et le sucre en poudre dans un saladier. Ajoutez une pincée de sel, les œufs, la crème et 1 cuillerée à soupe d'huile de pépins de raisin. Mélangez à l'aide d'un fouet, en versant le lait progressivement. ❷ Huilez très légèrement une poêle à crêpes. Faites-la chauffer sur feu moyen, et ajoutez une petite louche de pâte. Laissez cuire 3 minutes, puis retournez la crêpe, pour la cuire sur l'autre face. Procédez ainsi jusqu'à l'épuisement de la pâte et réservez les crêpes au chaud entre deux assiettes plates. ❸ **Préparez la garniture** : faites dorer les noisettes 5 minutes à feu doux, dans une poêle antiadhésive, en remuant. Hachez-les grossièrement à l'aide d'un grand couteau. Cassez le chocolat en petits morceaux et mettez-les dans un bol. Ajoutez la crème fraîche et faites fondre 1 minute au four à micro-ondes. Lissez à l'aide d'une spatule. ❹ Nappez chaque crêpe de sauce au chocolat, saupoudrez de noisettes, puis repliez-les en éventail. Dégustez chaud.

Cupcakes cacao, glaçage chocolat blanc

12 cupcakes 20 min 15 min 30 min

50 g de sucre en poudre • 2 œufs • 40 g de beurre • 1 c. à s. de cacao pur • 2 c. à s. de poudre d'amandes • 50 g de farine de riz • ½ sachet de levure chimique sans gluten • 100 g de chocolat blanc sans gluten • 3 c. à s. de lait

❶ Préchauffez le four th. 5 (150 °C). ❷ **Préparez la pâte** : travaillez le sucre et les œufs au fouet électrique, jusqu'à ce que le sucre soit dissous et le mélange mousseux.

Faites ramollir le beurre pendant 20 secondes au four à micro-ondes et incorporez-le au mélange avec le cacao et la poudre d'amandes. Ajoutez la farine de riz et la levure et travaillez le mélange à la spatule. ❸ Répartissez la pâte dans 12 moules à cupcakes en silicone. Faites cuire 12 minutes au four. Démoulez les petits gâteaux et laissez-les refroidir. ❹ **Préparez le glaçage** : cassez le chocolat blanc dans un bol, ajoutez le lait et faites fondre 1 minute au four à micro-ondes (ou au bain-marie). Lissez le mélange et étalez-le à la surface des cupcakes refroidis. Laissez reposer au frais pendant 30 minutes et servez.

Gâteau à la châtaigne et aux noix

4 20 min 30 min

120 g de cerneaux de noix • 3 œufs • 100 g de beurre • 70 g de sucre en poudre • 1 sachet de sucre vanillé • 40 g d'amidon de maïs • 1 sachet de levure chimique sans gluten • 100 g de crème de marrons • sel

❶ Préchauffez le four th. 5 (150 °C). Hachez les noix au couteau, pas trop finement. Séparez les jaunes d'œufs des blancs. Faites ramollir le beurre 20 secondes au four à micro-ondes. ❷ Travaillez les jaunes d'œufs avec le sucre et le sucre vanillé à la spatule, jusqu'à ce que le mélange blanchisse. Ajoutez le beurre fondu, l'amidon de maïs, la levure et mélangez bien. Ajoutez ensuite la crème de marrons, puis les cerneaux de noix hachés. ❸ Montez les blancs d'œufs, additionnés d'une pincée de sel, en neige très ferme. Incorporez délicatement les blancs d'œufs à la pâte précédente, en mélangeant à l'aide d'une spatule. ❹ Versez la pâte dans un moule à manqué. Faites cuire 30 minutes au four. Démoulez le gâteau lorsqu'il est froid. Dégustez nature ou avec une crème anglaise maison.

Gâteau d'anniversaire au chocolat

6 · 30 min · 30 min

Pour la pâte : 4 œufs • 60 g d'amidon de maïs • 90 g de sucre en poudre • 30 g de beurre • sel
Pour la garniture : 30 g d'amidon de maïs • 40 g de sucre en poudre • 1 sachet de sucre vanillé • 50 cl de lait demi-écrémé • 100 g de chocolat noir à 75 % de cacao sans gluten
Pour la décoration : 100 g de chocolat blanc sans gluten

❶ Préchauffez le four th. 5 (150 °C). ❷ **Préparez la pâte** : séparez les jaunes d'œufs des blancs, puis travaillez les jaunes d'œufs et le sucre en poudre, jusqu'à ce que le mélange devienne clair et mousseux. Ajoutez le beurre fondu (5 secondes au four à micro-ondes) et l'amidon de maïs. Mélangez pour obtenir une pâte lisse. Montez les blancs d'œufs, additionnés d'une pincée de sel, en neige très ferme. Incorporez les blancs en neige au mélange précédent, très délicatement, en aérant la pâte. Versez dans un moule à manqué et faites cuire 25 minutes au four. Vérifiez la cuisson à l'aide d'un couteau : il doit en ressortir propre et sec. Laissez refroidir, démoulez le gâteau, puis coupez-le en 2 dans le sens de l'épaisseur. ❸ **Préparez**

la garniture : mélangez l'amidon de maïs, le sucre en poudre, le sucre vanillé et le lait froid dans une casserole. Cassez le chocolat en petits morceaux. Portez le contenu de la casserole à ébullition en fouettant sans arrêt. Laissez bouillir 1 minute, puis retirez du feu. Ajoutez le chocolat cassé en petits morceaux. Et mélangez vigoureusement jusqu'à ce que la crème soit bien lisse. Versez dans un saladier et laissez tiédir. ❹ Garnissez le gâteau de crème au chocolat et étalez-en une fine couche par-dessus. Râpez le chocolat blanc. Saupoudrez-le sur le gâteau avant de déguster.

Gâteau de fête des mères

6 40 min 30 min

200 g de fraises • 200 g de framboises • 100 g de sucre en poudre • 2 œufs • 100 g d'amidon de maïs • 40 g de farine de millet • 1 sachet de sucre vanillé • 1 sachet de levure chimique sans gluten • 30 g de beurre • 100 g de crème liquide

❶ Rincez les fraises, puis coupez-les en petits morceaux. Disposez-les dans un saladier, ajoutez les framboises et 20 g de sucre. Mélangez délicatement, couvrez de film alimentaire et placez au frais. ❷ Préchauffez le four th. 5 (150 °C). Battez les œufs avec 60 g de sucre au fouet électrique, pour obtenir un mélange très mousseux. Ajoutez ensuite l'amidon de maïs, la farine de millet, le sucre vanillé et la levure. Mélangez avec une spatule. ❸ Faites fondre le beurre 30 secondes au four à micro-ondes, dans un petit ramequin. Beurrez au pinceau un moule à savarin avec une partie du beurre fondu. Incorporez le reste à la pâte et mélangez. Saupoudrez l'intérieur du moule beurré avec 20 g de sucre. Versez la pâte dans le moule et faites cuire 10 minutes au four th. 5 (150 °C), puis 20 minutes th. 4 (120 °C). Laissez refroidir et démoulez le gâteau sur un plat de service. ❹ Montez la crème bien froide en chantilly à l'aide d'un fouet électrique. Coupez le gâteau en deux dans l'épaisseur. Disposez les fraises et les framboises avec leur jus sur la base. Ajoutez de la chantilly, puis reposez la partie supérieure du gâteau par-dessus. Décorez le gâteau d'un peu de crème et servez très frais.

Gâteau de riz aux pommes caramélisées

6 · 25 min · 1 h 10

80 g de riz rond • 80 cl de lait • 2 œufs • 80 g de sucre roux • 1 sachet de sucre vanillé • 2 pommes type Reinette • 25 g de beurre

❶ Rincez le riz sous l'eau froide, puis faites-le blanchir 3 minutes dans une casserole d'eau bouillante. Égouttez-le dans une passoire. ❷ Versez le lait dans une casserole, et ajoutez le riz. Couvrez et laissez cuire à feu très doux pendant 30 minutes. Ajoutez un peu de lait si le mélange se dessèche trop. ❸ Laissez tiédir légèrement, puis ajoutez les œufs battus, 40 g de sucre roux et le sucre vanillé. Réservez. Préchauffez le four th. 5 (150 °C). ❹ Pelez les pommes et coupez-les en tranches pas trop fines. Coupez le beurre en très petits morceaux et répartissez-les au fond d'un moule à manqué. Saupoudrez de 40 g de sucre roux, puis rangez la moitié des pommes par-dessus, en les serrant bien. Versez la moitié du riz cuit, ajoutez le reste des pommes et terminez par le riz. Faites cuire 35 minutes au four. Laissez refroidir complètement avant de démouler. Dégustez froid.

Gâteau de semoule de maïs à l'indienne

4 · 15 min · 10 min

60 cl de lait • 1 gousse de vanille • 40 g de beurre • 50 g de raisins secs • 1 capsule de cardamome • 1 pincée de curcuma non grillées • 120 g de polenta • 60 g de sucre en poudre • 50 g de noix de cajou

❶ Fendez la gousse de vanille dans le sens de la longueur et mettez-la dans une casserole, avec le lait. Portez à ébullition, et laissez infuser 5 minutes. Grattez l'intérieur de la gousse et remettez les graines dans le lait. ❷ Faites fondre le beurre dans une autre casserole. Ajoutez les raisins, la cardamome, le curcuma et la polenta. Laissez dorer 3 minutes à feu doux, en remuant. ❸ Versez le lait sur la polenta. Ajoutez le sucre et laissez bouillir 5 minutes à feu moyen, en remuant. Ôtez la cardamome. ❹ Versez la polenta dans un petit plat rectangulaire. Hachez grossièrement les noix de cajou au couteau. Répartissez-les à la surface de la polenta. Couvrez de film alimentaire et laissez refroidir complètement avant de placer au réfrigérateur. Pour servir, découpez des portions carrées à déguster tièdes ou froides.

Gâteau léger à la banane

4 · 20 min · 35 min · 10 min

2 petites bananes (200 g épluchées) • 3 œufs • 100 g de sucre roux • 1 sachet de sucre vanillé • 140 g d'amidon de maïs • 1 sachet de levure chimique sans gluten • 2 c. à s. de poudre d'amandes

❶ Préchauffez le four th. 5 (150 °C). Pelez et coupez les bananes en rondelles, puis mettez-les dans le bol du mixeur. Ajoutez les œufs entiers, le sucre roux et le sucre vanillé. Mixez pendant quelques secondes pour obtenir un mélange lisse. ❷ Dans un saladier, versez l'amidon de maïs, la levure et la poudre d'amandes. Mélangez, puis versez progressivement le mélange précédent, en remuant. ❸ Travaillez la pâte au fouet à main pour éviter les grumeaux, puis versez dans un moule à cake antiadhésif. Faites cuire 35 minutes au four. Surveillez la cuisson, et couvrez le gâteau d'une feuille de papier d'aluminium s'il se colore trop vite. ❹ Laissez reposer le gâteau 10 minutes dans le four éteint et entrouvert. Sortez le gâteau du four et démoulez-le une fois refroidi.

Gaufres légères

4/6 15 min 35 min

100 g d'amidon de maïs • 50 g de farine de maïs • 50 g de farine de riz • 50 g de sucre en poudre • 1 sachet de sucre vanillé • 1 sachet de levure chimique sans gluten • 30 g de beurre • 4 œufs • 25 cl de lait • 1 c. à s. d'extrait de fleur d'oranger ou de rhum (facultatif) • 1 c. à s. d'huile de tournesol • sel

❶ Dans un saladier, versez l'amidon de maïs, la farine de maïs, la farine de riz, le sucre en poudre, le sucre vanillé, la levure et une pincée de sel. Mélangez bien à la spatule et faites un puits au centre. ❷ Faites fondre le beurre 10 secondes au four à micro-ondes. Cassez les œufs dans le saladier contenant les ingrédients secs, ajoutez le beurre fondu et travaillez la pâte au fouet, en versant progressivement le lait. La pâte doit être lisse et un peu plus épaisse qu'une pâte à crêpes. Ajoutez ensuite l'extrait de fleur d'oranger ou le rhum (facultatif). ❸ Faites chauffer le moule à gaufres, légèrement huilé au pinceau. Lorsqu'il est bien chaud, ajoutez une petite louche de pâte, et laissez cuire les gaufres environ 5 minutes. ❹ Servez les gaufres chaudes, avec de la confiture, du sucre glace sans gluten (ou du sucre en poudre), ou des copeaux de chocolat sans gluten.

Glace au yaourt, fraise-caramel

4 20 min 4 min 30 min (sorbetière)

1 gousse de vanille • 3 yaourts au lait entier • 30 cl de lait demi-écrémé • 50 g de sucre de canne • 125 g de fraises • 30 g d'amandes effilées • 4 bâtonnets de caramel • 10 cl de lait concentré non sucré

❶ Ouvrez la gousse de vanille en deux dans le sens de la longueur et grattez l'intérieur pour récupérer les graines. ❷ Mixez les yaourts, le lait demi-écrémé, le sucre de canne, les fraises et les graines de vanille. ❸ Versez dans une sorbetière et laissez prendre la glace pendant 30 minutes environ. Placez au congélateur jusqu'au moment du repas. Faites dorer les amandes pendant 2 minutes dans une poêle chaude, sans matière grasse. ❹ Versez le lait concentré dans un bol et ajoutez les bâtonnets de caramel coupés en petits morceaux. Faites cuire 2 minutes au four à micro-ondes, en remuant à mi-temps. ❺ Servez la glace dans des coupes, nappée de coulis au caramel tiède ou froid. Saupoudrez d'amandes et dégustez.

Gratin d'abricots au lait de riz

4 — 20 min — 20 min

450 g d'abricots • 40 g de fécule de riz • 2 œufs • 15 g de beurre • 2 c. à s. de poudre d'amandes • 50 g de sucre roux • 25 cl de lait de riz • 1 gousse de vanille

❶ Coupez les abricots en 2 (ou en 4 s'ils sont gros) et retirez leur noyau. Rangez-les dans 4 petits plats à gratin individuels. Préchauffez le four th. 5 (150 °C). ❷ Dans un saladier, mélangez la fécule de riz, les œufs, le beurre fondu, la poudre d'amandes et le sucre à l'aide d'un fouet. Ajoutez le lait de riz progressivement, en remuant. Ouvrez la gousse de vanille dans le sens de la longueur, grattez l'intérieur pour récupérer les graines. Ajoutez-les à la pâte, mélangez. ❸ Versez sur les fruits. Faites cuire 20 minutes au four. Dégustez tiède ou froid.

Langues de chat fourrées à la confiture d'orange

4 (12 biscuits) 30 min 8 à 10 min

40 g de beurre • 60 g de farine de maïs • 30 g d'amidon de maïs • 40 g de sucre en poudre • 1 œuf • ½ citron bio • ½ pot de confiture d'orange • sel

❶ Préchauffez le four th. 5 (150 °C). Dans un ramequin, mettez le beurre et faites-le ramollir dans le four. ❷ Dans un saladier, versez la farine et l'amidon de maïs, le sucre, une pincée de sel et le beurre mou. Ajoutez l'œuf et travaillez à l'aide d'une spatule. ❸ Râpez une pincée de zeste de citron. Ajoutez-la à la pâte, avec 1 cuillerée à soupe de jus de citron. Mélangez. Disposez la pâte en 24 petites languettes sur une plaque à pâtisserie, en les espaçant suffisamment. ❹ Faites cuire les biscuits 8 à 10 minutes environ. Ils doivent se colorer très légèrement sur le bord. Disposez-les sur une assiette et laissez tiédir. Collez les biscuits deux par deux avec un peu de confiture. Dégustez dans la journée ou conservez les biscuits dans une boîte hermétique jusqu'au lendemain.

Madeleines légères au citron

20 madeleines 20 min 8 à 10 min

½ citron bio • 70 g de beurre • 85 g d'amidon de maïs • 1 œuf + 1 jaune • 60 g de sucre en poudre • 1 pincée de levure chimique sans gluten

❶ Préchauffez le four th. 4-5 (120/150 °C). ❷ Rincez le ½ citron sous l'eau chaude, pressez-le et râpez finement le zeste. Faites ramollir 60 g de beurre pendant 20 secondes au four à micro-ondes. ❸ Dans un saladier, mélangez l'amidon de maïs, l'œuf entier et 1 jaune, le beurre mou, le sucre et la levure. Travaillez le mélange à l'aide d'une spatule en bois. Ajoutez ensuite 2 cuillerées de jus de citron et le zeste râpé. Mélangez. ❹ Faites fondre 10 g de beurre au four à micro-ondes pendant 10 secondes. Badigeonnez des empreintes à madeleines en silicone de beurre fondu. Versez 1 cuillerée de pâte dans chaque empreinte et enfournez pour 8 à 10 minutes. Laissez refroidir complètement avant de démouler. Dégustez les madeleines le jour même ou conservez-les dans une boîte hermétique (pendant 24 heures).

Muffins aux griottes

12 muffins 20 min 15 à 20 min

300 g de griottes (fraîches ou surgelées) • 1 yaourt nature au lait entier • 2 pots d'amidon de maïs • 2 pots de farine de soja • 1 pot de sucre en poudre • 1 sachet de sucre vanillé • 1 sachet de levure chimique sans gluten • 2 c. à s. de poudre d'amandes • 3 œufs • 1 pot d'huile de pépins de raisin

❶ Dénoyautez les griottes. Si elles sont surgelées, faites-les décongeler et égouttez-les. Préchauffez le four th. 5 (150 °C). ❷ Dans un bol, versez le yaourt, et utilisez le pot comme mesure. ❸ Mélangez l'amidon de maïs, la farine de soja, les sucres, la levure, la poudre d'amandes, le yaourt, l'huile et les œufs. Travaillez le mélange pour obtenir une pâte bien lisse. ❹ Versez la pâte dans 12 moules à muffins en silicone. Répartissez les cerises sur la surface, en les enfonçant légèrement dans la pâte. Faites cuire 15 à 20 minutes au four. Démoulez tiède et dégustez froid.

Pancakes aux pommes

5 15 min 30 min

120 g de farine de riz • 1 sachet de sucre vanillé • 50 g de sucre en poudre • 1 sachet de levure chimique sans gluten • 3 œufs • 15 cl de lait • 1 grosse pomme type Canada • 40 g d'amandes effilées • miel liquide • 2 c. à s. d'huile de tournesol

❶ Dans un saladier, mélangez à l'aide d'un fouet la farine, le sucre, la levure, les œufs, le lait et 1 cuillerée à soupe d'huile. ❷ Pelez la pomme, puis râpez-la finement avec une râpe à main. Ajoutez la pulpe de la pomme à la pâte à pancakes. Mélangez. Faites dorer les amandes 3 minutes dans une poêle antiadhésive, sans matière grasse. ❸ Faites cuire les pancakes dans une petite poêle à blinis huilée, pendant 4 minutes environ. Retournez-les à mi-cuisson et réservez-les au chaud. Servez chaud avec du miel et les amandes grillées.

Petits financiers à la noisette, cœur de chocolat

20 financiers 20 min 8 à 10 min

40 g de chocolat noir • 65 g de beurre • 50 g de sucre en poudre • 1 œuf • 75 g de farine de riz • 1 sachet de levure chimique sans gluten • 60 g de poudre de noisettes

❶ Préchauffez le four th. 5 (150 °C). Cassez le chocolat en 20 petits morceaux. Faites fondre le beurre pendant 20 secondes au four à micro-ondes. ❷ Battez le sucre et l'œuf au fouet, jusqu'à ce que le mélange blanchisse. Ajoutez le beurre, la farine de riz, la levure et la poudre de noisettes. Travaillez la pâte à la spatule jusqu'à ce qu'elle soit parfaitement lisse. ❸ Versez la pâte dans de petites empreintes à financiers (ou à petits gâteaux) en silicone. Ajoutez un petit morceau de chocolat au centre de chaque gâteau. ❹ Faites cuire 8 à 10 minutes au four. Laissez tiédir hors du four, et démoulez. Dégustez les biscuits froids. Vous pouvez les conserver 24 heures dans une boîte hermétique.

Pudding aux abricots rôtis

4 20 min 15 min 2 h

7 cl de lait • 40 g + 15 g de sucre roux • 1 gousse de vanille • 40 g d'amidon de maïs • 25 g de beurre • 8 abricots mûrs mais fermes

❶ Dans une casserole, versez le lait, puis ajoutez 40 g de sucre roux et la gousse de vanille fendue en deux dans le sens de la longueur. Portez à ébullition, couvrez et laissez infuser 5 minutes. Récupérez la gousse de vanille, grattez l'intérieur et mélangez les graines au lait tiède. Prélevez ½ verre de lait et versez-le dans un bol. Ajoutez l'amidon de maïs, mélangez. ❷ Portez de nouveau le lait contenu dans la casserole à ébullition. Lorsqu'il bout, ajoutez le mélange de lait et d'amidon de maïs, en fouettant. Laissez bouillir 1 minute et retirez du feu. ❸ Passez un moule à entremets sous l'eau fraîche, ne l'essuyez pas, et versez-y la préparation. Laissez tiédir, couvrez de film alimentaire et placez au moins 2 heures au frais. ❹ Lavez les abricots, essuyez-les, puis ouvrez-les en deux et ôtez le noyau. Faites fondre le beurre à feu doux dans une sauteuse antiadhésive. Ajoutez les demi-abricots, saupoudrez de sucre. Laissez dorer les fruits pendant 10 minutes, en les retournant délicatement. Stoppez la cuisson lorsque les abricots sont moelleux et le jus caramélisé. ❺ Au moment de servir, démoulez le pudding, disposez les abricots tièdes autour et arrosez de jus caramélisé. Dégustez aussitôt.

Riz au lait aux pépites de chocolat

6 15 min 25 min

80 g de riz rond • 1 l de lait • 1 gousse de vanille • 60 g de sucre roux • 60 g de chocolat au lait sans gluten

❶ Rincez le riz sous l'eau froide. Portez à ébullition une grande quantité d'eau dans une casserole. Ajoutez le riz et laissez bouillir 10 minutes. Égouttez. ❷ Faites chauffer le lait dans une casserole. Ajoutez la gousse de vanille fendue en deux dans le sens de la longueur, puis le riz. Couvrez et laissez cuire à feu très doux pendant 15 minutes environ. Ôtez la gousse de vanille, grattez l'intérieur pour récupérer les graines. ❸ Ajoutez les graines dans le riz cuit, ainsi que le sucre et mélangez. Laissez tiédir. ❹ Hachez grossièrement le chocolat au couteau. Versez les copeaux dans le riz tiède et mélangez sans insister. Répartissez dans 6 coupelles et dégustez tiède ou froid.

Sablés à la farine de riz et au thé vert

4 30 min 6 à 8 min

75 g de sucre en poudre • 1 œuf • 50 g de farine de riz • 100 g d'amidon de maïs • 75 g de beurre • 2 c. à c. de thé vert matcha • 1 sachet de sucre vanillé • 40 g de pistaches non grillées • sel

❶ Préchauffez le four th. 5 (150 °C). ❷ Dans un saladier, versez le sucre en poudre et l'œuf, puis battez le mélange jusqu'à ce qu'il soit mousseux. Ajoutez la farine de riz, l'amidon de maïs, le beurre mou mais pas fondu, le thé vert matcha, le sucre vanillé et une pincée de sel. Travaillez la pâte à l'aide d'une spatule pour qu'elle soit parfaitement lisse. Hachez grossièrement les pistaches au couteau. ❸ Disposez de petits tas de pâte sur une plaque à pâtisserie, à l'aide d'une petite cuillère ou d'une poche à douille. Saupoudrez de pistaches hachées et passez 6 à 8 minutes au four. Laissez refroidir sur une grille ou sur une assiette. Vous pouvez conserver les biscuits 48 heures dans une boîte hermétique.

Sablés de Noël, glaçage aux deux chocolats

6 · 40 min · 6 à 8 min · 10 ou 30 min

Pour la pâte : 140 g d'amidon de maïs + amidon pour le plan de travail • 60 g de farine de châtaigne • 90 g de beurre • 80 g de sucre en poudre • 40 g de poudre d'amandes • 1 œuf • 1 pincée de levure chimique sans gluten • sel
Pour le glaçage : 100 g de chocolat noir sans gluten • 100 g de chocolat blanc sans gluten • 4 c. à s. de lait

❶ Préchauffez le four th. 5 (150 °C). ❷ **Préparez la pâte à sablés :** dans un saladier, versez l'amidon de maïs et la farine de châtaigne. Ajoutez le beurre mou coupé en dés, le sucre, la poudre d'amandes, une pincée de sel et la levure. Travaillez du bout des doigts pour obtenir une pâte sableuse. Ajoutez l'œuf entier, mélangez et formez une boule. Filmez-la et placez-la 10 minutes au congélateur ou 30 minutes au réfrigérateur. ❸ Saupoudrez le plan de travail d'amidon de maïs. Posez la boule de pâte et étalez-la avec le plat de la main. Lissez la surface au rouleau. ❹ Découpez les biscuits à l'emporte-pièce, puis disposez-les sur une plaque à pâtisserie antiadhésive. Faites-les cuire 6 à 8 minutes au four, en surveillant pour éviter qu'ils ne se colorent trop vite. Sortez-les du four dès la fin de la cuisson et laissez-les refroidir complètement. ❺ **Préparez le glaçage :** dans deux petits bols séparés, cassez le chocolat blanc et le chocolat noir. Ajoutez 2 cuillerées à soupe de lait dans chaque bol, puis faites fondre 30 secondes au four à micro-ondes. Nappez la moitié des biscuits de chocolat blanc et l'autre moitié de chocolat noir. Laissez refroidir, puis décorez les biscuits au chocolat noir de quelques gouttes de chocolat blanc et inversement, à l'aide d'une seringue spécial pâtisserie.

Spritz au chocolat

4 · 25 min · 10 min

90 g d'amidon de maïs • 50 g de farine de maïs • 30 g de noix de coco en poudre • 20 g de poudre de noisettes • 75 g de sucre roux • 1 sachet de sucre vanillé • 100 g de beurre mou • 1 œuf • 100 g de chocolat au lait sans gluten • 1 c. à s. de lait

❶ Préchauffez le four th. 4-5 (120/150 °C). Dans un saladier, versez l'amidon de maïs, la farine de maïs, la noix de coco, la poudre de noisettes, le sucre roux et le sucre vanillé. Mélangez du bout des doigts. ❷ Incorporez le beurre mou coupé en petits morceaux en mélangeant avec les doigts pour obtenir une consistance sableuse. Ajoutez l'œuf entier, mélangez et formez une boule. ❸ Mettez la pâte dans une poche à douille cannelée, et faites des biscuits en forme de spritz directement sur la plaque à pâtisserie antiadhésive. ❹ Faites cuire les biscuits à four doux pendant 8 à 10 minutes. Ils doivent rester très clairs. Laissez-les refroidir complètement sur une grille. ❺ Cassez le chocolat en petits morceaux et mettez-le dans un bol. Ajoutez 1 cuillerée à soupe de lait et faites fondre 1 minute au four à micro-ondes. Badigeonnez les biscuits de chocolat fondu à l'aide d'un pinceau, sur une moitié seulement. Laissez refroidir. Les biscuits se conservent 48 heures dans une boîte hermétique.

Tapioca au lait d'amandes et à la mangue

4 | 15 min | 10 min

60 cl de lait d'amandes • 45 g de tapioca • 60 g de sucre roux • 1 sachet de sucre vanillé • 200 g de framboises • 1 mangue mûre à point

❶ Dans une casserole, portez le lait d'amandes à ébullition, puis ajoutez le tapioca, 40 g de sucre roux et le sucre vanillé. Laissez cuire à feu très doux pendant 10 minutes, en remuant de temps en temps. Laissez tiédir dans la casserole en remuant de temps en temps. ❷ Mixez les framboises avec 20 g de sucre roux. Si vous souhaitez obtenir un coulis lisse, sans pépins, passez-le au chinois. ❸ Pelez la mangue, puis coupez-la en tous petits dés. Ajoutez-en la moitié au tapioca cuit et mélangez délicatement. Répartissez le mélange dans quatre coupes à dessert. ❹ Ajoutez le reste de la mangue par-dessus, nappez d'un peu de coulis et présentez le reste dans un petit bol. Dégustez tiède ou froid.

Tartelettes aux mirabelles

10 tartelettes 35 min 20 min

Pour la pâte : 70 g de beurre mou • 1 œuf • 100 g d'amidon de maïs (+ pour le plan de travail) • 100 g de farine de riz • 1 pincée de levure chimique sans gluten • 40 g de poudre d'amandes • 50 g de sucre roux • sel
Pour la garniture : 600 g de mirabelles • 10 cl de lait • 1 c. à s. de crème fraîche épaisse • 30 g de sucre roux • 1 œuf

❶ **Préparez la pâte :** coupez le beurre en petits dés. Séparez le blanc du jaune d'œuf. Réservez. Dans un saladier, versez l'amidon de maïs, la farine, la levure, une pincée de sel, la poudre d'amandes et le sucre. Mélangez et ajoutez le jaune d'œuf et le beurre. Travaillez rapidement du bout des doigts, puis formez une boule. Placez au frais pendant la préparation des fruits. ❷ **Préparez la garniture :** essuyez soigneusement les mirabelles dans un torchon propre. Coupez-les en deux et dénoyautez-les. Dans un saladier, mélangez la crème, le lait, le sucre, un œuf et le blanc d'œuf restant de la pâte. Battez parfaitement à la fourchette. ❸ Préchauffez le four th. 6 (180 °C). Étalez la pâte à tarte sur le plan de travail saupoudré d'amidon de maïs. Garnissez 10 petits moules à tartelettes ronds de 10 cm de diamètre. Piquez la pâte à la fourchette. ❹ Répartissez les mirabelles sur la pâte, face bombée vers le haut, en les serrant bien. Nappez du mélange œuf-crème, sans trop remplir les moules. Faites cuire 20 minutes au four, et dégustez tiède ou froid.

Trifle à la crème vanillée, au thé vert et aux fruits rouges

4 15 min 1 min

1 gousse de vanille • 50 cl de lait • 40 g de sucre en poudre • 25 g d'amidon de maïs • 1 jaune d'œuf • 1 pincée de thé vert matcha • 1 meringue sans gluten • 200 g de framboises • 200 g de fraises • 200 g de groseilles

❶ Ouvrez la gousse de vanille en deux dans le sens de la longueur et récupérez les graines. ❷ Dans une casserole, mélangez le lait, 30 g de sucre en poudre, l'amidon de maïs, le jaune d'œuf et les graines de vanille. Portez à ébullition en remuant sans arrêt. Laissez bouillir 1 minute, puis ajoutez une belle pincée de thé vert matcha. Remuez et versez dans 4 verrines. Laissez refroidir. ❸ Découpez les fruits rouges en morceaux. Versez-les dans un saladier et saupoudrez avec 10 g de sucre en poudre. Mélangez. ❹ Cassez la meringue en petits morceaux. Disposez les fruits sur la crème froide, saupoudrez de meringue et dégustez aussitôt.

Verrines chocolat-framboise

4 20 min 1 min 2 h

120 g de chocolat noir sans gluten • 2 c. à s. de lait • 3 petits œufs • 40 g de sucre en poudre • 250 g de framboises • quelques feuilles de menthe • sel

❶ Dans un saladier, cassez le chocolat et ajoutez le lait. Faites chauffer 1 minute au four à micro-ondes ou 10 minutes au bain-marie. Lissez le mélange et laissez tiédir. ❷ Séparez les jaunes d'œufs des blancs. Montez les blancs d'œufs, additionnés d'une pincée de sel, en neige très ferme. ❸ Ajoutez les jaunes d'œufs et le sucre au chocolat fondu. Mélangez. Incorporez ensuite délicatement les blancs en neige. ❹ Répartissez la moitié de la mousse au chocolat dans 4 coupes à dessert. Disposez les framboises par-dessus en les tassant légèrement. Recouvrez avec le reste de la mousse. Couvrez de film alimentaire et placez 2 heures au réfrigérateur. Décorez de feuilles de menthe fraîche ciselées.

Index des recettes

Les entrées

Allumettes aux 2 fromages et graines de lin 3
Arancini, ou boulettes de riz panées à l'italienne 4
Biscuits apéro croustillants au gouda 5
Blinis au saumon et à l'aneth 6
Bouchées de bœuf à l'asiatique 7
Bouillon aux billes de polenta 9
Canapés de pomme de terre multicolores 10
Minestrone à l'italienne 11
Nems au porc et au crabe 12
Petits chaussons au porc 13
Rouleaux de printemps 15
Sablés croustillants à la cacahuète 17
Salade de millet au concombre et à la menthe 18
Salade vitaminée au quinoa 19
Samoussas dorés aux légumes 20
Soupe de maïs doux, petites galettes de maïs 21
Soupe de patate douce
et courge musquée au gingembre 22
Soupe de pois chiches épicée 23

Soupe dorée au lait de tapioca 24
Soupe vietnamienne aux vermicelles de riz 25
Terrine aux deux saumons 26
Torsades au pavot 27
Tuiles de parmesan au pavot et au sésame 28

Les plats

Bo bun au bœuf 30
Bouchées de pois chiches au fromage basque 32
Bouchées de riz au sésame et au saumon 33
Chips de banane plantain et sauce ketchup maison .. 34
Clafoutis aux courgettes 35
Crêpes de farine de châtaigne au brocciu 37
Crêpes de lentilles blondes au comté 39
Crêpes de maïs à la raclette 40
Crêpes de quinoa aux champignons 41
Croquettes aux flocons de pois chiches 42
Croquettes de lentilles 43
Croquettes de millet au poisson 45
Croquettes de pommes de terre panées
aux amandes 46
Croquettes de quinoa aux légumes et au thon 47
Croquettes de sarrasin aux champignons 49
Crumble au jambon et aux champignons 50
Crumble de poulet à l'orientale 51

Fajitas au bœuf 52
Falafels à la coriandre et au sésame 53
Flan aux tomates et à la mozzarella 55
Flan d'igname gratiné 56
Fougasse aux pommes de terre et romarin 57
Fromage de chèvre pané aux noisettes 59
Galettes de maïs doux au jambon 60
Galettes de polenta dorées 61
Gaufres au fromage et à la bresaola 63
Gnocchettis au beurre de sauge 64
Gnocchis de semoule de riz à la romaine 65
Gnocchis ricotta et épinards 66
Grande salade de millet au saumon 67
Grandes galettes aux flocons d'azukis 69
Gratin de patates douces aux deux fromages 70
Gratin de pommes de terre
et épinards au chèvre frais 71
Igname et légumes mijotés aux épices 72
Kasha au poulet et à la crème 73
Kasha en salade tiède au chèvre
et magrets de canard 75
Lentilles corail à l'orientale 76
Lentilles vertes au tofu fumé 77
Makis sushis aux crevettes 78
Millet façon couscous 79

Muffins au maroilles et à la courgette 81
Pâtes fraîches de sarrasin, à la crème et aux lardons 82
Petites graines sans gluten aux fruits secs 83
Petits cakes marbrés au reblochon et à la pistache .. 85
Pizza Margherita sans gluten 86
Polenta à la tomate et aux saucisses 87
Polenta gratinée aux courgettes et au bœuf 88
Potatoes maison 89
Quenelles de pommes de terre au comté 90
Quiche lorraine sans gluten 91
Quinoa aux légumes et au poulet 93
Risotto à la mimolette et mascarpone 95
Risotto aux asperges et au saumon 96
Riz à la mode de Louisiane 97
Riz aux boulettes de viande 99
Riz rouge sauté au porc et au lait de coco 100
Riz sauté à l'indonésienne (Nasi goreng) 101
Riz sauté au porc caramélisé 103
Riz sauvage au saumon et à l'aneth 104
Tarte aux courgettes et au saumon 105
Tarte aux tomates 107
Temakis sushis végétariens 109
Timbale de riz aux champignons et aux lardons 111
Wraps aux crudités et au thon 112

Les desserts

Barres chocolatées au riz soufflé 114
Biscuit fondant aux amandes et à l'orange 115
Bouchées de riz aux framboises et à la mangue 116
Brownie fondant aux noix de pécan 117
Bûche de noël aux fruits exotiques 118
Cake au citron 120
Caramels au beurre salé et au chocolat 121
Crème au chocolat et fines tuiles aux amandes 123
Crêpes choco-noisette 124
Cupcakes cacao, glaçage chocolat blanc 125
Gâteau à la châtaigne et aux noix 127
Gâteau d'anniversaire au chocolat 128
Gâteau de fête des mères 129
Gâteau de riz aux pommes caramélisées 131
Gâteau de semoule de maïs à l'indienne 132
Gâteau léger à la banane 133
Gaufres légères 134
Glace au yaourt, fraise-caramel 135
Gratin d'abricots au lait de riz 136
Langues de chat fourrées à la confiture d'orange 137
Madeleines légères au citron 138
Muffins aux griottes 139
Pancakes aux pommes 140
Petits financiers à la noisette, cœur de chocolat 141

Pudding aux abricots rôtis 142
Riz au lait aux pépites de chocolat 143
Sablés à la farine de riz et au thé vert 144
Sablés de Noël, glaçage aux deux chocolats 145
Spritz au chocolat 147
Tapioca au lait d'amandes et à la mangue 148
Tartelettes aux mirabelles 149
Trifle à la crème vanillée, au thé vert
et aux fruits rouges 151
Verrines chocolat-framboise 152